NIGEL C. BENSON

ENTENDENDO: PSICOLOGIA

TRADUÇÃO: MARLY N. PERES

LeYa

Título original: Introducing Psychology

Diretor editorial: Pascoal Soto
Editora executiva: Tainã Bispo
Produtora editorial: Fernanda Satie
Assistente editorial: Renata Alves
Preparação: Joaci Pereira Furtado
Revisão: Iraci Miyuki Kishi
Capa e diagramação: Ana Dobón

Dados Internacionais de Catalogação na Publicação (CIP)
(Câmara Brasileira do Livro, SP, Brasil)

Benson, Nigel C.
Entendendo : psicologia / Nigel C. Benson; tradução de Marly N. Peres. – São Paulo : LeYa, 2012.
176 p. : il.

Título original: Introducing : Psychology
ISBN 978-85-8044-705-7

1. Psicologia 2. Freud, Sigmund, 1856-1939 3. Jung, C. G. 1875-1961 I. Título II. Peres, Marly N.

12-0461 CDD-150

Índices para catálogo sistemático:
1. Psicologia

2013

[Uma editora do Grupo Leya]
Rua Desembargador Paulo Passaláqua, 86
01248-010 – São Paulo – sp – Brasil
www.leya.com.br
Twitter: @EditoraLeya

O que épsicologia?

O termo "psicologia" vem da associação de duas palavras gregas, **psyché** e **logos**. A primeira, transliteração de πσψχη, significa "sopro de vida", ou **espírito**, que, pela herança de pensamento cristão, podemos traduzir grosseiramente como "alma" – lembrando que **anima** foi justamente a tradução latina do vocábulo grego "espírito".

A letra grega Ψ, que se pronuncia *psi*, é o símbolo internacional da psicologia.

Ou seja, a psicologia começa sendo definida como o **estudo do espírito (mente)**[1].

Mas, hoje em dia, não é essa a concepção que a maioria dos psicólogos tem dela.

1. Doravante, sempre que o termo "espírito" for empregado, terá inevitavelmente o sentido de "mente" (N. da T.).

Tentativa de definição

Muitos especialistas tiveram dificuldade para estabelecer uma separação clara entre o que diz respeito à psicologia propriamente dita e o que não faz parte dela.

E, apesar de não aceitar a definição de "estudo da mente", eles não conseguem encontrar uma definição que seja universalmente aceita. E mesmo que a maioria deles concorde em afirmar que o mais importante é a abordagem *científica*, para evitar todo tipo de raciocínio confuso, o significado do termo continua não sendo nada claro.

Outra dificuldade central, que alguns consideram impossível de superar, está no aspecto prático pressuposto pelo estudo direto da mente. Pois antes de todo o resto seria preciso explicar o que se entende por "mente". Alguns psicólogos preferiram evitar a todo custo esse obstáculo, em especial os behavioristas Burrhus Skinner (1904-1990) e John Broadus Watson (1878-1958).

J. B. Watson

Em consequência disso, a prática aconselha privilegiar o que se pode **observar** e **medir** em um indivíduo, seja o comportamento dele, sejam as reações psicológicas que resultam desse comportamento. Ora, apesar do que pensam os behavioristas mais convictos, a mente – ou ao menos o psiquismo – continua sendo o tema central desse estudo.

Isso nos permite estabelecer a seguinte definição, tida como a mais adequada:

A psicologia é o estudo científico dos fatos psíquicos e do comportamento do ser humano e dos animais.

A psicologia, ao contrário, privilegia o indivíduo ou, em rigor, pequenos grupos de indivíduos, como é o caso da psicologia social. Mais do que o tema, o que é diferente é o jeito de agir, os métodos. A psicologia recorre mais à *experimentação*, método que em geral não é aplicável em sociologia, por razões práticas e deontológicas[2]. O que a faz voltar-se mais para observações empíricas e pesquisas do tipo enquete.

2. Deontologia, ou teoria do dever, é uma teoria filosófica segundo a qual nossas escolhas são moralmente necessárias, permitidas ou proibidas (N. da T.).

O que a psicologia agrupa?

Inversamente às ciências naturais, a psicologia não se articula em torno de uma grande teoria fundadora e não desenvolve uma abordagem específica.

Por isso, nós começaremos estudando as seis grandes abordagens ou perspectivas da psicologia.

Psicologia dinâmica, behaviorismo, psicologia cognitiva (da qual faz parte a Gestalt), psicologia humanista, neuropsicologia (ou psicofisiologia), psicologia sociocultural.

Os domínios da psicologia

Além das diferentes perspectivas, podemos ainda dividir o tema em várias esferas diferentes de estudo – como acontece, aliás, nas faculdades.

Nota da edição brasileira: no Brasil, a profissão de psicólogo é regulamentada desde 1962, e ninguém pode usar esse título se não tiver diploma de psicologia. Depois da graduação, o profissional pode fazer mestrado e/ou doutorado, mas está autorizado a clinicar desde a obtenção do diploma de graduação. Sua atividade, porém, é fiscalizada pelo Conselho Regional de Psicologia (são 19 conselhos no país, distribuídos em estados ou regiões).

Psiquiatra ou psicólogo?

A confusão entre esses dois termos é frequente, mas eles não são sinônimos:

O psiquiatra tem um diploma de medicina. Só ele pode prescrever medicamentos. No entanto, alguns psicólogos se especializam (por meio de uma formação complementar) no estudo de perturbações psíquicas. São os chamados psicólogos clínicos.

O psicólogo clínico exerce suas funções em hospitais, organismos públicos ou no consultório, como profissional liberal. A função dele é receber e ouvir o paciente, contribuir para a elaboração do diagnóstico, participar da aplicação do tratamento e acompanhar os efeitos. Seu percurso universitário clássico passa pela obtenção da graduação, do mestrado em psicologia patológica e clínica e do certificado de psicologia patológica e clínica.

Nota da edição brasileira: no Brasil, o Conselho Federal de Psicologia regulamentou diversas especialidades na área da psicologia – entre elas a psicologia hospitalar e a psicologia clínica, que desempenham as funções descritas acima.

A exemplo do psiquiatra, um psicólogo clínico pode optar por ser psicanalista ou basear sua terapia em teorias comportamentais. Essas terapias serão descritas mais adiante.

A psicologia é uma ciência?

O princípio de "estudo científico" enunciado na definição da psicologia nos leva a outra questão: "O que se entende por *ciência*?". Basta dizer essa palavra para que muitos já imaginem um laboratório, provetas e uma porção de outros aparelhos complexos de medição. O que não está errado e confirma a importância dada às **experiências**, cuja realização adequada exige um ambiente controlado.

Qualquer que seja o tema de pesquisa, o objetivo de uma experiência é descobrir **causas** e **efeitos**.

Como consequência disso, eles podem recorrer a diferentes **métodos**, que vão bem além do estágio de mera experimentação.

Metodologia

Por metodologia, entende-se o estudo sistemático da prática científica, de seus princípios e métodos. Distinguem-se dois aspectos: um aspecto prático, que inclui a escolha dos métodos utilizados, e um aspecto filosófico, que trata da natureza da própria ciência. Aqui, começaremos pelo primeiro.

Para cada método existem várias técnicas, dentre as quais se incluem a gravação em áudio e vídeo, os questionários, as entrevistas, os testes, as avaliações etc.

Métodos de pesquisa: 1. A experiência

A primeira experiência em matéria de psicologia social é atribuída a Norman Triplett (1861-1931), em 1898. Ele é o autor da hipótese segundo a qual crianças em grupo precisam de menos tempo para girar determinado número de vezes a manivela de um molinete de vara de pesca do que quando estão sozinhas.

Tempo médio de 150 voltas de molinete, puxando cavalinhos de madeira:

(Os valores reais não estão representados.)

Essas características são comuns a qualquer experiência. Modifica-se uma única variável "causa" (VI) e mede-se o "efeito" (VD). Todas as outras variáveis permanecem as mesmas e são, portanto, **controladas** pelo experimentador, quaisquer que sejam sua influência (mesmo que insignificante) ou sua natureza (mesmo que artificial).

2. A observação

É possível coletar inúmeras informações observando o comportamento de uma pessoa, como uma criança em seu meio "natural" (em casa, no pátio da escola, no berçário ou creche). Em 1972, McIntyre observou crianças de dois a quatro anos de idade e tentou medir a agressividade delas, de acordo com parâmetros previamente estabelecidos. Eis uma amostra dos resultados:

Gráfico apontando as diferenças em matéria de agressividade

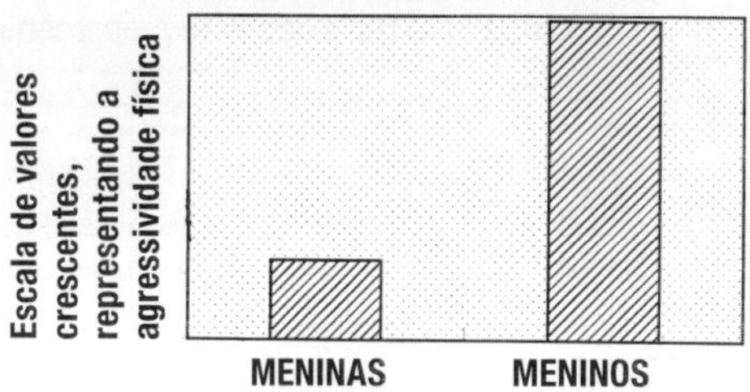

(Dados simplificados: os valores reais não estão representados.)

Em contrapartida, como não se trata de uma autêntica experiência (ausência de variável independente), não se pode afirmar com certeza que o sexo é "causa" de agressividade. Além disso, um determinado número de variáveis escapa do controle do pesquisador: a disciplina parental, as leituras das crianças, a influência da televisão, do cinema etc.

3. A pesquisa

Esse método pressupõe que se consulte um grande número de pessoas, já que os meios mais utilizados são o questionário e a entrevista (relativamente a atitudes, por exemplo). Assim, Wellings e outros pesquisadores fizeram uma enquete nacional na Grã-Bretanha sobre os comportamentos e hábitos sexuais, publicada com o título *Sexual Behavior in Britain* (1994).

Uma das afirmações era: "Em um casal casado ou vivendo maritalmente, o amor e a presença do outro são mais importantes do que o sexo".

Resultados:

	Mais de acordo / Inteiramente de acordo	**Sem opinião**	**Mais de acordo / Inteiramente de acordo**	**Conjunto de pessoas pesquisadas**
Homens	**67,2%**	22,0%	10,8%	2.079
Mulheres	**68,4%**	21,7%	9,9%	2.563

Conclusão:

Como qualquer outro instrumento de pesquisa, as enquetes apresentam dois problemas: será que elas são **fiéis** (coerentes) e **válidas** (exatas)?

4. O estudo de caso (ou estudo clínico)

O estudo de caso é um relatório detalhado sobre um indivíduo (ou sobre um pequeno grupo de pessoas, por exemplo: uma família). Em 1970, Oliver Sacks publicou o caso do Dr. P., um músico famoso que já não conseguia distinguir as pessoas dos objetos, após lesões cerebrais ocorridas na idade adulta.

Esses estudos de casos neurológicos dizem muito sobre o funcionamento do cérebro e, principalmente nesse caso preciso, sobre as zonas que controlam a visão, a identificação ou a memória. Assim, os estudos de casos, ou estudos clínicos, são extremamente úteis em psicologia cognitiva. Eles também servem de base para a psicanálise.

5. A correlação

A correlação designa a medida da relação entre duas ou mais variáveis. Podemos distinguir três tipos (positivo, negativo ou nulo), representados por meio de **nuvens de pontos**.

Correlação positiva: quando uma variável aumenta, a outra também aumenta. Por exemplo, quando se mede a inteligência de dois gêmeos idênticos.

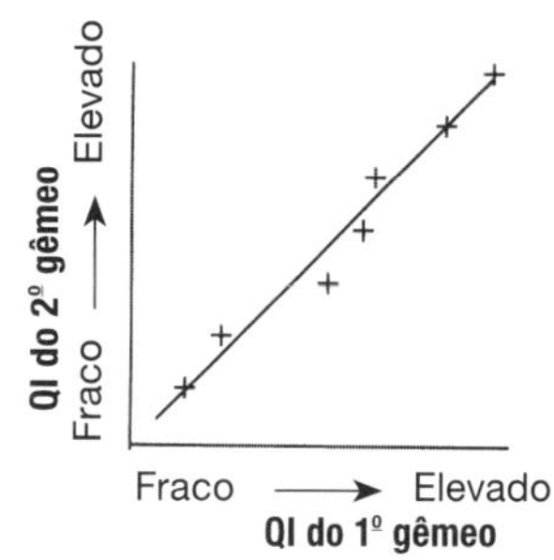

Correlação nula: não existe nenhuma relação, nem positiva, nem negativa, entre as duas variáveis. Por exemplo: se medirmos a relação entre a inteligência e o número de sardas de um indivíduo.

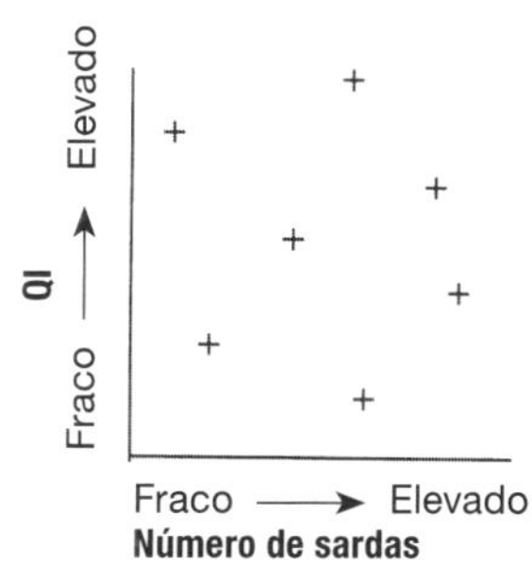

Correlação negativa: quando uma variável aumenta, a outra diminui. Por exemplo: quanto mais um homem envelhece, menos cabelo ele tem.

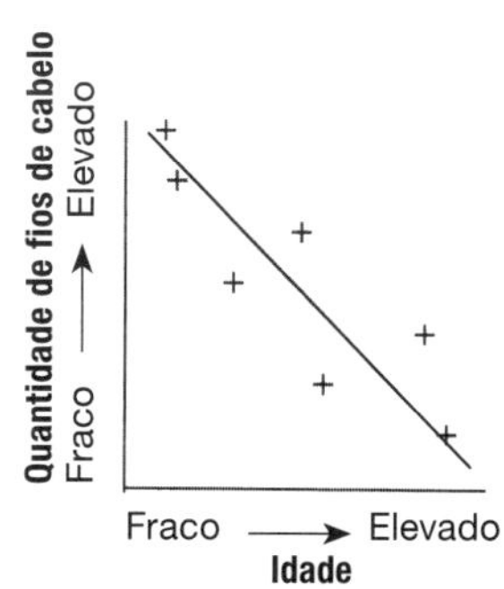

Escala de correlação e interpretação de resultados

A correlação também pode se traduzir em uma escala de valores.

-1.0 .9 .8 .7 .6 .5 .4 .3 .2 .1 0 .1 .2 .3 .4 .5 .6 .7 .8 .9 1.0+

De maneira geral, não se consideram os valores a partir de 0,6 ou 0,7 como significativos, sejam eles positivos, sejam negativos. Existem tabelas que permitem fornecer um valor exato, relativamente a uma amostra dada.

Contudo, é importante notar que, apesar de levar a resultados cifrados, a correlação não aponta qualquer relação de causa e efeito. Um triste exemplo, ocorrido na Itália no início dos anos 1980, ilustra isso perfeitamente. Naquela época, o país atravessava uma onda inexplicável de mortes, que pareciam ter uma correlação positiva com o consumo de azeite de oliva. Isso levou o governo a chegar à conclusão apressada de que o azeite estava envenenado. Mais tarde, descobriu-se que na verdade eram os tomates comidos pela população que estavam contaminados com pesticida.

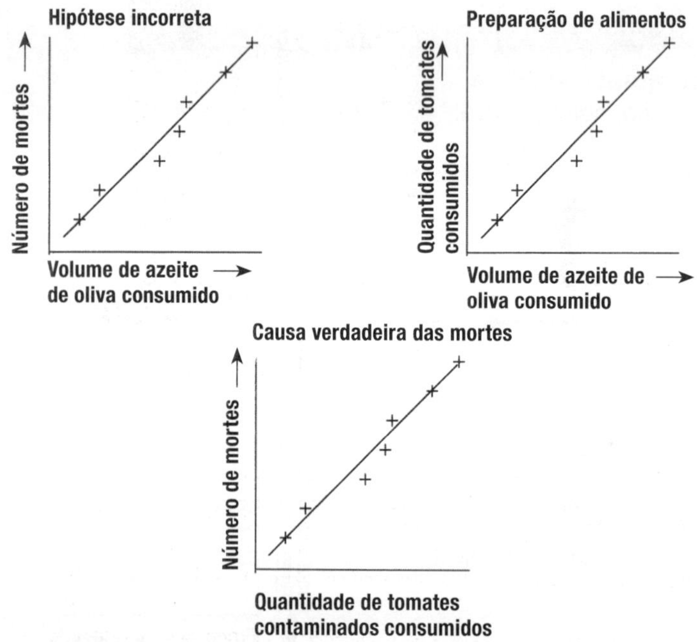

Além de má interpretação, permanece também o risco de uma correlação falaciosa que, apesar de correta, seria meramente fruto do acaso. Por exemplo: quanto mais as vendas de álcool aumentam, mais os padres andam de bicicleta. É bem possível, mas não há nenhuma relação entre os dois fatos.

Outros problemas metodológicos

A escolha do método a ser adotado não é o único obstáculo encontrado pelos psicólogos. Eles também precisam garantir que a **amostra** por eles selecionada é apropriada (tanto em termos de quantidade quanto de qualidade) e que as informações coletadas são **fiéis** e **válidas**.

A **amostragem** designa o procedimento que visa selecionar, para trabalhos de pesquisa, um grupo de pessoas que serão chamadas de **participantes**. Raramente é possível testar a totalidade da "população" sobre a qual se está fazendo a pesquisa. Por isso é que se recorre a uma amostra representativa, que pode ser selecionada de três maneiras diferentes:

O método de **cotas** propõe que se escolha um número idêntico de pessoas, pertencendo a diversos grupos específicos, por exemplo, vinte pessoas oriundas de três grupos etários distintos. Essa é a técnica preferida dos institutos de sondagem, quando o objetivo é determinar as intenções de voto em determinado número de cidades.

O método **oportunista** consiste em escolher qualquer pessoa disponível no momento do teste, o que pode, evidentemente, fraudar os resultados. Inúmeros estudos psicológicos recorrem ao público do qual dispõem de imediato: alunos!

A **fidelidade** pressupõe a coerência do teste, que deverá obter o mesmo resultado em ocasiões sucessivas. Ou seja, que ele seja "repetível" e "consistente". (A correlação permite que se verifique isso, comparando os resultados dos dois estudos. Muitos testes são **padronizados** dessa forma – ressaltando que a padronização desses testes deve ser rigorosa, para tornar possíveis as comparações.)

Mas o simples fato de um teste ser fiel não significa que ele seja válido.

Por **validez**, entende-se a evidência adequada e correta do que o teste de medição utilizado deve avaliar: por exemplo, pressupõe-se que um QI deva medir a inteligência (mesmo que...).

Metodologia filosófica

A metodologia apresenta uma dimensão filosófica, que leva a questões essenciais: "Como ter certeza de que alguma coisa é verdadeira?", "Podemos ter certeza da exatidão de uma teoria?" "Temos algum meio de provar alguma coisa, seja lá o que for?" ou ainda "O que é ciência?".

Atualmente, a maioria das pessoas considera a "ciência" como um domínio no qual se observam e **medem** fatos, o que leva a **teorias** que permitirão explicar... uma porção de coisas! Essa definição parece evidente, mas nem sempre foi assim.

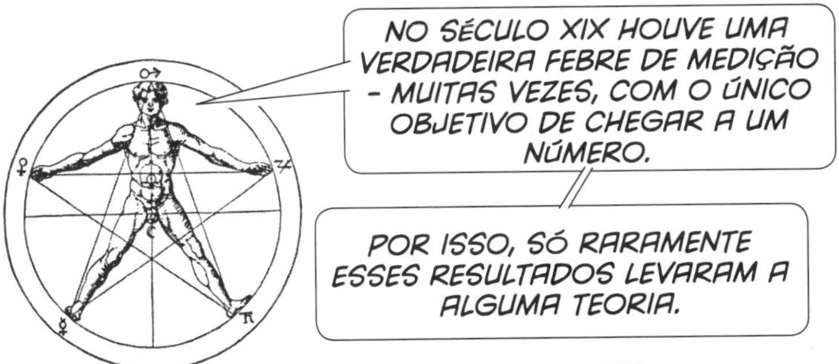

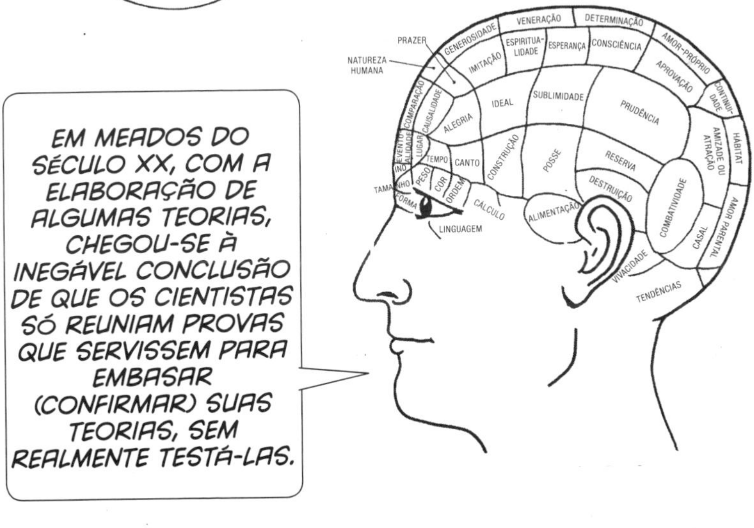

Por isso, chegou-se finalmente à conclusão de que seria mais sensato descobrir como **testar** essas **teorias**, ou seja, estabelecer a diferença entre as teorias **científicas** e as teorias **não científicas**. Um homem encontraria a solução...

Karl Popper

Karl Popper (1902-1994) estabeleceu o seguinte princípio: as **teorias** podem ser divididas em duas categorias, as que são **científicas** (portanto refutáveis) e as **não científicas** (portanto irrefutáveis). Nas teorias não científicas encontramos a grande maioria de ideias religiosas (a começar pela existência de Deus), inúmeras doutrinas políticas (dentre as quais estão o marxismo e o capitalismo), as teorias freudianas (como o conteúdo do inconsciente) e o horóscopo publicado diariamente nos jornais.

Karl Popper

Com as teorias não científicas temos a impressão de que se pode explicar tudo, mas esse é justamente o ponto fraco delas. É impossível, portanto inútil, tentar checá-las cientificamente.

O processo científico

Se combinarmos o **critério de Popper** com a existência de uma teoria por **indução** – generalização de um raciocínio estabelecido por meio de um caso singular –, obteremos o processo geral graças ao qual a ciência avança.

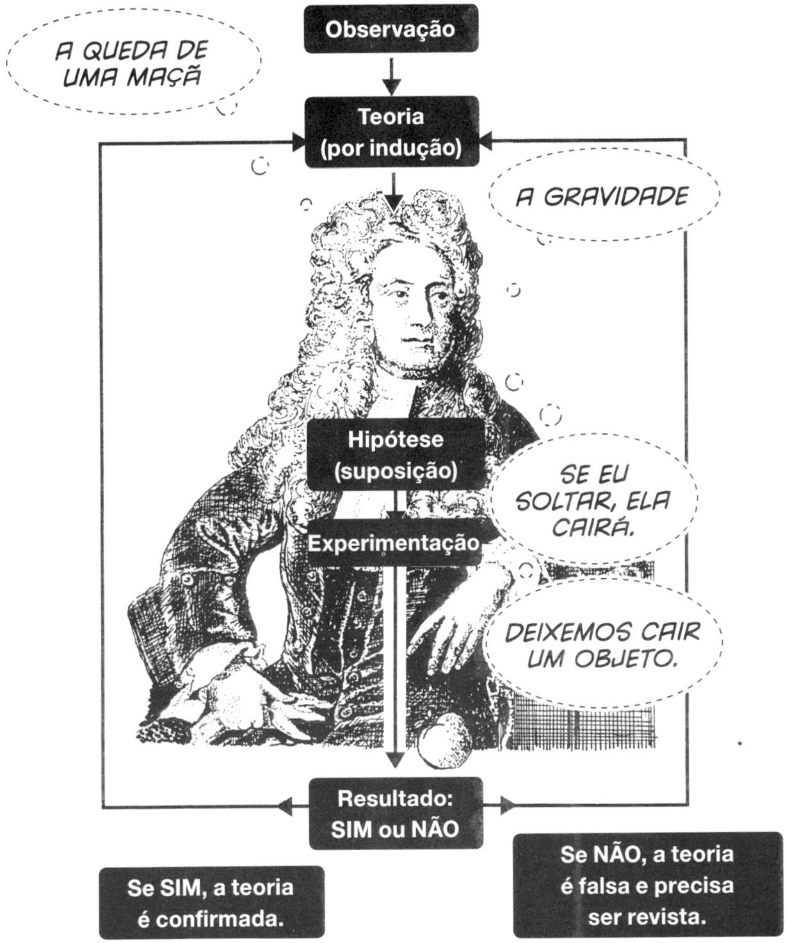

Como se constata, segundo esse processo, sempre é possível refutar uma teoria, e nunca é possível demonstrá-la.

Por que nem tudo pode ser provado?

Na nossa vida diária, utilizamos com frequência o termo "provar", no sentido de estabelecer a verdade de modo indubitável. Mas isso é falso: **nada pode ser provado**. Pela simples razão de que nunca dispomos de provas suficientes para conseguir provar alguma coisa. Sempre existe a possibilidade de fatos novos intervirem, contrariando os dados anteriores.

Por isso, acumular dados para **corroborar** uma teoria não é lá muito útil: um bom cientista procurará, isso sim, um modo de refutar uma teoria.

A ciência funciona mais ou menos como a lei: no tribunal, nunca se consegue provar com certeza a culpa de alguém, mas só com "praticamente certeza". Aliás, é justamente por causa disso que tantos julgamentos têm pedidos de revisão, depois da descoberta de novas provas.

Assim também nunca se pode ter certeza absoluta de que uma teoria científica é "verdadeira" ou "correta". O que faz que seja sempre preferível falar de uma teoria **útil**, que será aplicada até que se encontre outra, melhor. Foi assim que a teoria da gravidade, de Newton (os objetos são atraídos pelo solo), foi substituída pela de Einstein (que reviu as noções físicas de espaço e de tempo).

Nada é certo...

Se levarmos o raciocínio filosófico adiante, jamais poderemos ter certeza do que o futuro nos reserva. Não é porque um fato aconteceu no passado que ele vai se repetir obrigatoriamente no futuro.

Mas é relativamente fácil prever as reações químicas, pois a probabilidade é extremamente alta. Em contrapartida, prever as reações das pessoas é bem mais difícil.

A psicologia e as probabilidades

De modo geral, os psicólogos consideram aceitável um limite de 95%, reservando-se assim uma margem de erro de 5%. Claro que eles bem que gostariam de poder falar em 99%, com só 1% de chance de se enganarem. O que nos ajuda e entender por que a psicologia expressa com tanta frequência seus resultados em termos estatísticos.

Para chegar a esses números (resultados estatísticos), os psicólogos dispõem de ampla gama de testes que utilizam dependendo das circunstâncias – ou seja, em função da ocasião, escolhem um ou outro.

Os estudantes de psicologia costumam ficar bem surpresos ao descobrir a importância das estatísticas para e na psicologia. Em geral, responde-se a eles que não é preciso saber *por que* esses testes funcionam, mas sim como eles funcionam. Eles são instrumentos de trabalho essenciais ao desenvolvimento científico.

Nascimento da psicologia

Podemos fixar o nascimento da psicologia em 1879, ano em que Wilhelm Wundt (1832-1920) fundou o primeiro laboratório de estudos de comportamento humano, em Leipzig, na Alemanha. Wundt (pronuncia-se "Vunt") foi o primeiro a empregar o termo "psicologia experimental".

Wundt recorreu à **introspecção** – uma auto-observação do **estado mental** – e desenvolveu esse método segundo regras rigorosas:

(1) As pessoas precisam ser capazes de determinar o início do método.
(2) Elas devem estar em um estado de receptividade e atenção forçadas.
(3) Os testes devem poder ser repetidos várias vezes.
(4) As condições experimentais precisam ter a possibilidade de variar, em termos de manipulação controlada dos estímulos.

Os detratores de Wundt diziam temer que a auto-observação abusiva levasse os estudantes à loucura!

O impacto de Wundt

Foi Wundt quem tomou a iniciativa de organizar as primeiras experiências, nesse domínio. Ele também esteve na origem da psicologia social (*Völckerpsychologie*), que se interessa pela linguagem, pela arte, por hábitos sociais, mitos, leis, usos e costumes.

Rapidamente ele ficou famoso, e seus alunos fundaram laboratórios tanto na Alemanha quanto nos Estados Unidos, na Rússia, na Itália e no Japão.

É inegável reconhecer a Wundt o mérito de ter fundado a psicologia moderna, dando a ela o importante selo de cientificidade, ao recusar o pensamento não científico.

Antes da psicologia

O que Wundt fez foi conferir à psicologia uma nova abordagem científica. Mas a maioria dos questionamentos por ele feitos já ocupava a cabeça dos filósofos há muito tempo. Ainda na Grécia antiga, Sócrates (470-399 a.C.) tinha se debruçado sobre temas como a memória, a faculdade de aprender, a motivação, a percepção, os sonhos, os comportamentos anormais.

Platão (428-347 a. C.) **Aristóteles** (384-322 a. C.)

Os gregos não tinham o costume de passar o tempo todo medindo as coisas. Platão e Aristóteles pensavam que era mais provável descobrir a verdade refletindo do que agindo.

Descartes e a relação corpo-espírito (corpo-mente)

O filósofo que mais contribuiu diretamente para o desenvolvimento da psicologia foi, sem dúvida, **René Descartes** (1596-1650). Em seu *Discurso do método* (1637) e nas *Meditações metafísicas* (1641) ele se debruçou sobre a relação que une corpo e mente. Antes de Descartes, e segundo o dualismo platônico, o corpo e o espírito eram considerados duas entidades distintas. A mente influenciava o corpo, mas o inverso não acontecia.

Para Descartes, a mente serve para uma única coisa: pensar. Ele atribuiu uma importância primordial à razão, batizando sua doutrina de racionalismo. Segundo ele, a mente gera dois tipos de ideia.

Dessa separação nasceu o debate entre o que é **inato** e o que é **adquirido**, a saber, se este ou aquele comportamento é objeto de um conhecimento imediato ou fruto de uma experiência. Os partidários do inato foram chamados de "nativistas", termo menos utilizado atualmente, em oposição aos partidários de uma filosofia que priorizava a experiência.

O associacionismo

John Locke (1632-1704), em seu *Ensaio sobre o entendimento humano* (1690), refutou o princípio cartesiano das ideias inatas, colocando-se assim entre as fileiras de Aristóteles e seus herdeiros: a ideia de que alma, no início, é de uma lousa em branco (*tabula rasa*).

Com o associacionismo, Locke abriu o caminho para o empirismo inglês. O bispo George **Berkeley** (1685-1753) e o filósofo **David Hume** (1711-1776) desenvolveram essa teoria no século XVIII. Hume demonstrou que nós associamos causa e efeito ao adquirir a experiência de pares de acontecimentos, a exemplo de uma bola de bilhar que encosta em outra.

O transcendentalismo

Emmanuel Kant (1724-1804) desmontou o associacionismo de Hume ao afirmar que nem todo conhecimento deriva forçosamente da experiência. Existem "condições de possibilidade" graças às quais a própria experiência é *a priori*. Kant defendeu ainda a ideia de que, sozinha, a razão inata não consegue explicar o que existe e o que não existe, contrariando assim o racionalismo de Descartes. Dessa forma, em sua *Crítica da razão pura* (1781) ele demonstrou que cada nova experiência é fruto de ideias já existentes, ou seja, *a priori*.

Kant descreveu três atividades mentais: conhecer, sentir e querer. Atualmente, os psicólogos costumam fazer a distinção entre o conhecimento ("o cognitivo") e as emoções ("o afetivo") quando, por exemplo, analisam as atitudes.

Kant forjou o conceito de conhecimento **transcendental**, no qual nem toda explicação tem obrigatoriamente origem em uma experiência particular. Outras correntes filosóficas nasceram dessa linha de pensamento, como o idealismo de Hegel e o romantismo de Schopenhauer e Kierkegaard. Surgidos na Alemanha, esses movimentos caracterizaram-se por uma reação do sentimento contra a razão, uma exaltação do mistério, do fantástico, do exotismo e da natureza. Outros, ao contrário, desenvolveram uma abordagem bem mais mecanicista.

O utilitarismo

Pai do filósofo e economista John Stuart Mill (1806-1873), James Mill (1773-1836) acreditava no **utilitarismo** e na possibilidade de promover "a maior felicidade, para o maior número possível de pessoas". Em sua *Análise dos fenômenos da alma humana* (1829) ele expôs a passividade da alma, coisa que o próprio filho contradisse, em *Autobiografia* (1873) e em *Sobre a liberdade* (1859).

J. S. Mill acreditava em uma "alquimia mental", espécie de "síntese criativa" – a transformação de elementos sensitivos em novos compostos que representam mais do que a mera soma de seus componentes. Essa noção, sobretudo a ideia de uma mente ativa, seria retomada posteriormente pelos gestaltistas. J. S. Mill acreditava no futuro da psicologia e previu que ela se tornaria uma verdadeira ciência.

Comte e o positivismo

O filósofo **Auguste Comte** (1798-1857) era amigo e benfeitor de J. S. Mill, mas nem por isso concordava com ele. Recusando a concepção de uma ciência do espírito, ele preferiu conceber uma ciência da sociedade. Hoje em dia ele é considerado o pai da sociologia.

Seu sistema filosófico, o **positivismo**, contribuiu para o desenvolvimento da psicologia.

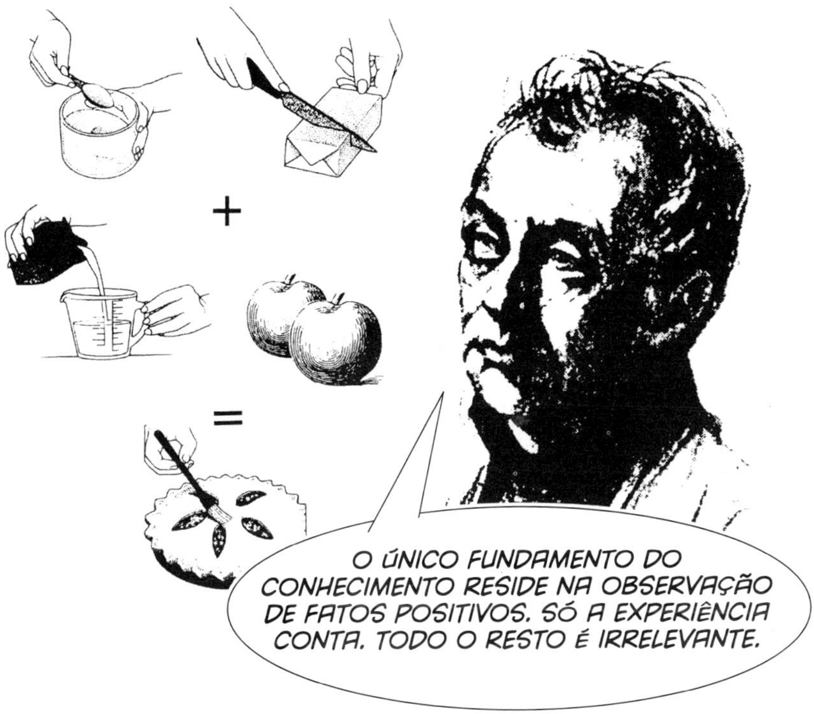

O positivismo reduz fenômenos complexos a componentes mais simples. Em seguida, essa tendência, o **reducionismo**, faria eco entre os behavioristas e entre inúmeros psicofisiologistas.
O positivismo de Comte deu origem, nos anos 1920, ao positivismo lógico desenvolvido, entre outros, por A. J. Ayer (1910-1989), que faz abstração de todos os enunciados impossíveis de verificar ou testar empiricamente. Um ponto de vista defendido atualmente por considerável número de psicólogos.

As primeiras pesquisas sobre o cérebro

Nos anos 1830 a psicologia tornou-se uma disciplina experimental, principalmente graças aos trabalhos de Johannes Müller (Berlim), Marshall Hall (Londres) e Pierre Flourens (Paris). Cada um a seu modo, os três estudaram as funções do cérebro, tentando estabelecer zonas específicas e desenvolver novos métodos, alguns dos quais utilizados até hoje.

1. A extirpação
Empregada por Hall e Flourens.

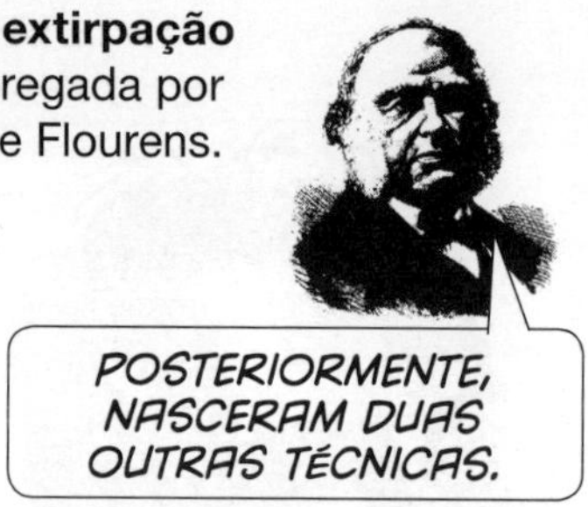

2. O método clínico
Em 1861, Paul Broca desenvolveu o "método clínico", examinando lesões cerebrais *post mortem* de um paciente que sofria de problemas mentais.

3. O estímulo elétrico
Em 1870, Gustav Fritsch e Eduard Hitzig observaram as reações de certas zonas do cérebro, fazendo circular nelas uma corrente elétrica de baixa intensidade.

Essas técnicas de pesquisa revelaram-se extremamente úteis, mas perto do que ainda viria eram quase que insignificantes.

Darwin e a teoria da evolução

Em 1859, quando **Charles Darwin** (1809-1902) publicou *Sobre a origem das espécies por meio da seleção natural*, a obra provocou uma verdadeira revolução, tanto entre o público quanto entre os intelectuais. Notemos que a maioria dessas reações foi consequência de as pessoas não terem entendido o verdadeiro conteúdo da obra (sobre o qual ainda hoje se discute). A questão não era tanto a teoria da evolução, mas sim o conjunto de quatro subteorias.

Vejamos agora, com mais detalhes, a última e mais importante subteoria, o mecanismo da **seleção natural**.

A seleção natural

A seleção natural acontece de duas maneiras diferentes. Primeiro, ocorrem mudanças de uma geração para outra. Esses fenômenos são hoje reconhecidos como mutações genéticas **aleatórias**, no caso de uma radiação natural, por exemplo. (Darwin só constatou tais mudanças, sem encontrar por que elas acontecem.)

Em seguida, temos a seleção propriamente dita. Eis seu **significado**:

As alterações benéficas conferem ao indivíduo melhores chances de sobrevivência. Inversamente, alterações genéticas desfavoráveis reduzem as chances de sobrevivência.

Tomemos o exemplo observado por Darwin, dos pássaros das Ilhas Galápagos. Esses pássaros do Pacífico habitavam várias ilhas do arquipélago, que ofereciam dois tipos diferentes de alimento: nozes e insetos. Por mutação, o bico de certas espécies tinha se tornado maior, permitindo a passáros que sobrevivessem em ilhas ricas em nozes, enquanto os pássaros dotados de um bico menor desapareceram. Inversamente, estes últimos conseguiam viver em ilhas infestadas de insetos, ao passo que a espécie de bico maior estava ameaçada de extinção. Quando os animais se adaptam dessa forma ao ambiente que os cerca, fala-se então de **sobrevivência dos mais fortes**.

A importância da evolução

O conceito de sobrevivência dos indivíduos mais fortes permite explicar a variedade e a repartição dos organismos vivos, tenham eles desaparecido ou não. Mas atenção: quando falamos de "mais fortes", não se trata, de modo algum, de força física. Alguns organismos pequenos e frágeis conseguiram sobreviver, enquanto outros maiores, como os dinossauros, desapareceram.

Desde Darwin já tivemos repetidos exemplos da evolução em ação, como no caso da mariposa da bétula, que fez uma mutação em duas espécies, uma com motivos claros sobre as asas, a outra com motivos escuros.

ÁRVORE RECOBERTA DE LÍQUEN, ANTES DA POLUIÇÃO.

No início, a mariposa escura tinha menos chances de sobrevivência. Como a maioria das árvores era recoberta de um líquen claro, o motivo das asas expunha muito mais essa mariposa. Ou seja, nessa fase da cadeia evolutiva a mariposa clara era encontrada com mais frequência.

ÁRVORE SEM LÍQUEN, APÓS A POLUIÇÃO.

Como a poluição destruiu progressivamente o líquen, revelando a casca mais escura, a mariposa clara passou a ser mais vulnerável, ao passo que a escura tinha desenvolvido uma excelente camuflagem.

A evolução hoje

Ao longo dos últimos anos, observou-se que determinados vírus e bactérias sofreram mutações, tornando-se assim mais resistentes, sobretudo aos antibióticos. Outros apareceram tardiamente, e para eles não foi encontrado nenhum medicamento que os combatesse (como o vírus HIV, responsável pela Aids).

A evolução não é simplesmente a base da biologia, graças à qual podemos explicar a estrutura e a função de todo organismo vivo. Ela também é útil para os psicólogos, pois permite decodificar alguns comportamentos, como as competições amorosas ou a defesa do território. Richard Dawkins recorreu em especial a ela, contribuindo com inúmeras variações, para explicar o **altruísmo**, que consiste em ajudar os outros sem conseguir um proveito pessoal aparente, e cujo objetivo principal é a sobrevivência dos genes (*O gene egoísta*, 1976). Como Darwin, Dawkins nem sempre é bem compreendido.

Os trabalhos de Galton

Um primo de Darwin, **Francis Galton** (1822-1911), também era apaixonado pela evolução e pela hereditariedade. Depois de enunciar as "diferenças individuais", ele descobriu em 1892 o caráter único das digitais. Louco por medições, ele também fez a contagem tanto dos bocejos dados durante suas aulas quanto de tossidas dadas no teatro, com a expectativa de criar uma "medida do tédio"!

Em 1884 ele fundou seu próprio laboratório, na International Health Exhibition, que transferiu posteriormente para o South Kensington Museum, onde deu prosseguimento a seus estudos por mais seis anos.

Galton desenvolveu e utilizou três métodos estatísticos precisos: a **probabilidade**, a **distribuição normal** e a **correlação**. Suas duas obras, *Hereditary Genius* (1869) e *English Men of Science* (1874), contêm vários estudos de caso relativos a juízes, médicos e cientistas famosos, oriundos de famílias nas quais os mesmos talentos eram cultivados. Com essas pesquisas Galton chegou à conclusão de que existe uma forte **probabilidade** de que as aptidões intelectuais se transmitam de pai para filho.

A distribuição normal

Galton usou a curva de distribuição normal desenvolvida pelo estatístico belga **Adolphe Quételet** (1796-1874) para representar a distribuição de resultados considerando o efetivo total em frações iguais. Para calcular, por exemplo, a repartição das pessoas em função da altura.

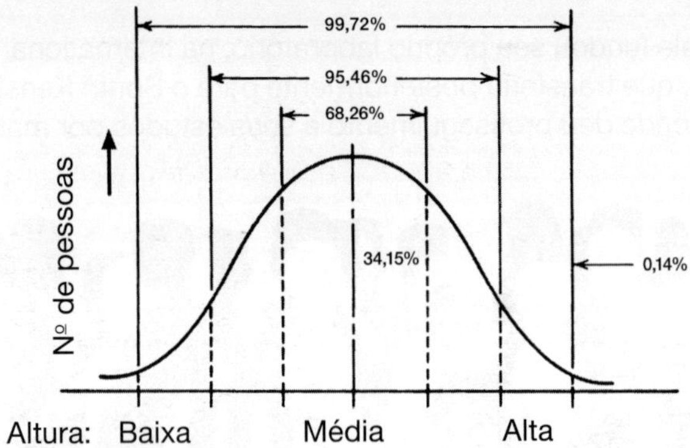

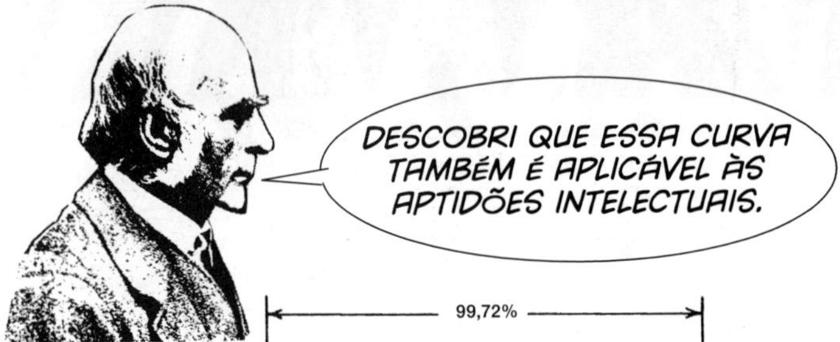

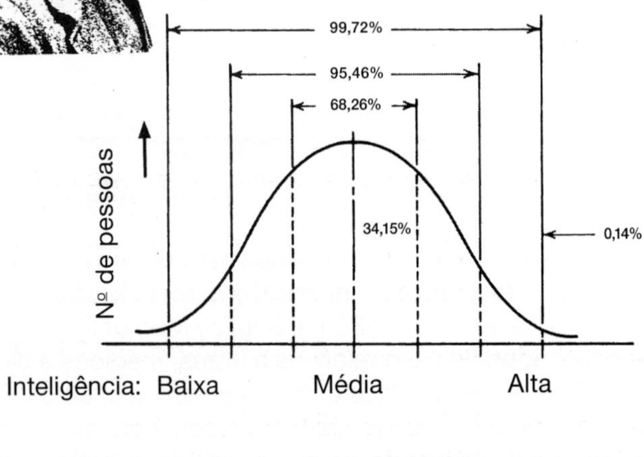

As correlações

Em seu *Correlations* (1888), Galton forneceu a ilustração gráfica das relações entre as variáveis: um homem alto terá um filho mais baixo do que ele, um homem baixo terá um filho mais alto do que ele etc.

Karl Pearson (1857-1936), aluno de Galton, desenvolveu a fórmula de seu professor para calcular o coeficiente de correlação em uma escala de -1,0 a +1,0. Esse coeficiente de correlação, que leva o nome dele, é muito empregado atualmente.

Grande utilizador de **estatísticas**, Galton privilegiou o caráter do que é inato, mais do que o caráter do que é adquirido, e em inúmeros aspectos teve mais influência do que Wundt.

Estruturalismo e funcionalismo

Mesmo antes da proclamação do império alemão, em 1870, não resta a menor dúvida de que a Alemanha foi o berço da psicologia. Ela dispunha então de um desenvolvimento intelectual e econômico favoráveis, um “espírito de época” empírico e positivista (*Zeitgeist*). O país já tinha inúmeras universidades, enquanto a Inglaterra, por exemplo, possuía apenas duas. Até 1879 três outros fisiologistas auxiliavam Wundt em seus trabalhos: Helmholtz, Weber e Fechner. Posteriormente, apesar da preponderância de Wundt, outros pesquisadores deram suas contribuições, em especial Ebbinghaus, Muller, Brentano, Stumpf e Kulpe. Mas o responsável pela introdução da psicologia nos Estados Unidos foi o mais famoso aluno de Wundt.

Edward Titchener (1867-1927), estudante inglês e tradutor de Wundt, instalou-se nos Estados Unidos em 1893 para montar seu próprio laboratório em Cornell, depois de amargar a recusa de Oxford (que só aceitaria a psicologia em 1936). No início ele fazia questão de se declarar discípulo de Wundt, mas depois desenvolveu uma abordagem pessoal.

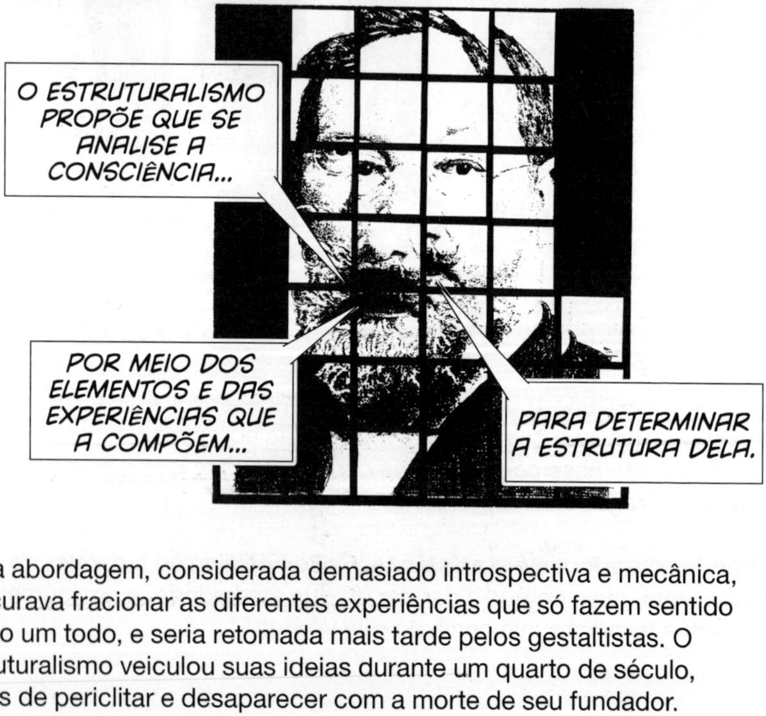

Essa abordagem, considerada demasiado introspectiva e mecânica, procurava fracionar as diferentes experiências que só fazem sentido como um todo, e seria retomada mais tarde pelos gestaltistas. O estruturalismo veiculou suas ideias durante um quarto de século, antes de periclitar e desaparecer com a morte de seu fundador.

Diametralmente oposto a essa corrente de pensamento temos o **funcionalismo**. Como o nome indica, o foco dessa corrente é a maneira como o espírito ou a mente funciona. Diretamente inspirado nos trabalhos de Darwin e Galton, o funcionalismo também seduziu **Herbet Spencer** (1820-1903), outro inglês inventor do darwinismo social, que tinha a particularidade de usar protetores de ouvido para não ser interrompido em seus pensamentos!

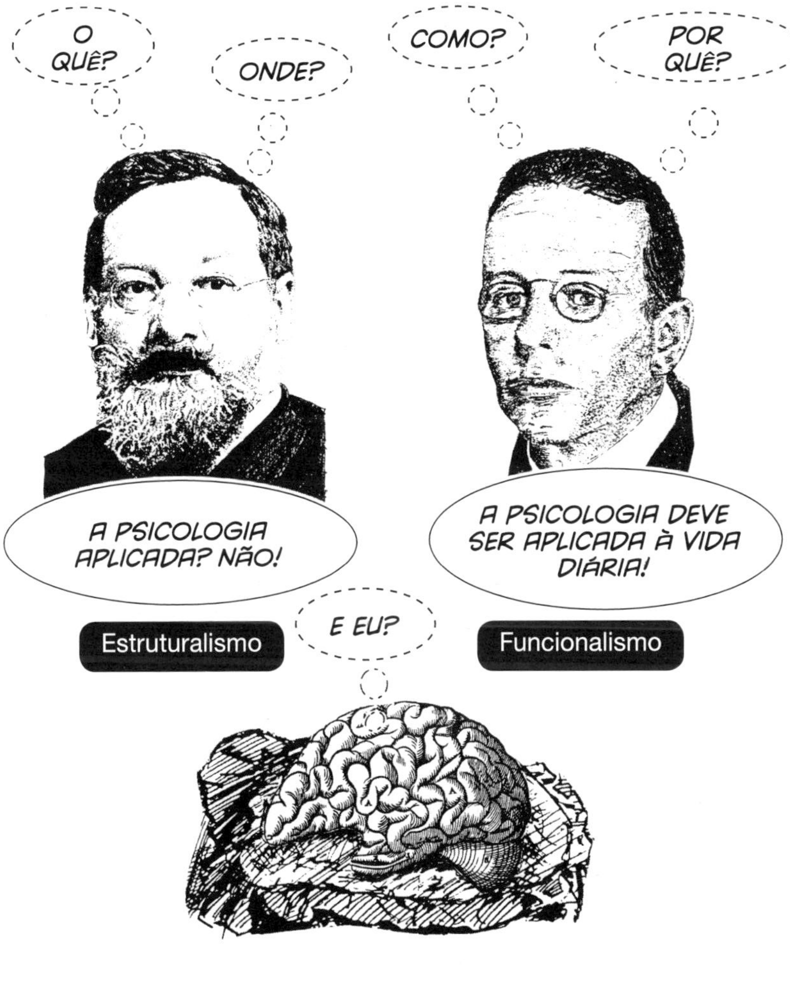

Os primeiros funcionalistas

William James (1842-1910) instaurou a psicologia como disciplina nos Estados Unidos em 1875, ao dar o primeiro curso da matéria naquele país. Pouco entusiasmado com a experimentação, ele se interessava mais pela consciência como produto da atividade do cérebro. A expressão "fluxo de consciência" é atribuída a ele: a mente é um fluxo contínuo e não um conjunto de elementos desconexos.

James foi recriminado por não ter sido suficientemente científico e por ter uma abordagem demasiado inovadora, pois ele também se interessava por telepatia, vidência, espiritismo etc. O tipo de coisa que a maioria dos cientistas decididamente não aceita!

Em contrapartida, seus outros temas de predileção, em particular suas experiências religiosas, fizeram muito sucesso, e ele é o autor de inúmeras aplicações, em especial a psicologia educacional, que ele discutiu em seu *Talks to Teachers on Psychology: and to Students on Some of Life's Ideals* (1899).

Outro autor que também se interessou pelo tema da educação foi **John Dewey** (1859-1952)[3], que em 1886 publicou o primeiro manual, nos Estados Unidos, *Psychology*, rapidamente eclipsado pelo livro de James. Adversário das dicotomias, ele não aceitava separar o corpo do espírito, o fim dos meios, o valor dos fatos, o pensamento da ação, o indivíduo da sociedade etc. Assim como James, era partidário do **pragmatismo** e dedicava interesse declarado por tudo o que pudesse ser demonstrado.

Seduzido pela teoria da evolução, não questionava a luta pela sobrevivência e concentrou seus trabalhos na esfera da educação.

Segundo ele, as escolas devem ser um local no qual as crianças interagem e experimentam, e onde cada necessidade individual é focada de modo inteligente. Isso constitui as bases da "educação progressiva".

3. Não confundir com Melville Dewey, o bibliógrafo (1851-1931), inventor da classificação decimal utilizada nas bibliotecas (a psicologia corresponde ao número 150).

James Angell (1869-1949), aluno de John Dewey e colega de William James, forneceu ao funcionalismo seu quadro acadêmico, ao fundar a escola de Chicago. Seu livro, *Psychology*, publicado em 1904, fez grande sucesso.

Em 1906 Angell definiu as bases do funcionalismo:
(1) Ele estuda os mecanismos psíquicos e não seus componentes.
(2) Ele se interessa pela consciência e seus mecanismos, tais como a vontade e o juízo.
(3) Ele não faz distinção entre corpo e espírito.

Harvey Carr (1873-1954) assumiu o lugar dele, quando o funcionalismo começava a se afastar da mente (subjetivo), para se interessar pelo comportamento (objetivo). O funcionalismo desapareceu quando perdeu a necessidade de se afirmar. Na verdade, de certa forma todo o mundo se tornou funcionalista, mesmo que atualmente poucos se definam assim.

Do ponto de vista histórico, o funcionalismo constitui uma ligação importante entre o estruturalismo e o behaviorismo, mas também entre as demais perspectivas atuais.

As perspectivas

As duas primeiras perspectivas que examinamos deram origem às seis hoje conhecidas. Todavia, convém notar que a escola humanista e o movimento cognitivo só surgiram por volta dos anos 1950 e 1960.

O desenvolvimento histórico pode ser esquematizado da seguinte forma:

As doutrinas psicológicas ao longo do tempo		
Estruturalismo	1890	1920
Funcionalismo	1906	
Perspectivas:		
(Escolas)		
Psicologia dinâmica	1896	
Behaviorismo	1913	
Gestaltismo/Cognitivismo	1912	1960
(Correntes)		
Humanismo	1950	
Psicofisiologia	1880	
Psicologia sociocultural	1880	

As três primeiras perspectivas constituem o que chamamos de "escolas" porque elas reúnem determinado número de pessoas que compartilham basicamente as mesmas ideias.

As três últimas não são consideradas escolas, mas sim tendências. Menos uniformes, menos estruturadas, devem ser entendidas como correntes de pensamento.

1. A perspectiva psicodinâmica

A psicologia psicodinâmica se baseia no princípio do espírito ativo, segundo o qual o aparelho psíquico luta contra a rejeição, que acontece no nível do **inconsciente**. Na prática, isso significa muitas vezes aplicar as **teorias psicanalíticas** de Freud e – um pouco mais, um pouco menos – de seus partidários e dissidentes, como Jung, Adler, Erikson, Klein, Lacan... há para todos os gostos!

Sigmund Freud (1856-1939) está na base dessa teoria. Atribui-se a ele o termo "psicanálise", que ele teria inventado para descrever as teorias e técnicas que tinham o objetivo de determinar e tratar as perturbações mentais dos seus pacientes.

Freud não se interessou só por perturbações psíquicas. Ele passou a vida toda tentando estabelecer um conjunto coerente de teorias, para explicar TODOS os comportamentos humanos. Mas não conseguiu atingir seu objetivo: criar uma teoria única. Nesse sentido, é mais fácil dividir a obra de Freud em várias teorias separadas e ligadas entre si. Distinguem-se principalmente cinco.

A. O consciente, o pré-consciente e o inconsciente

Para descrever esse sistema psíquico, Freud o comparou com um *iceberg*. Apesar de ser útil no início, a metáfora não é realmente apropriada, pois recorre à ideia de um objeto sólido e não de um objeto fluido.

O consciente (no alto, ocupa 1/7 do conjunto) – corresponde ao estado de vigília

O pré-consciente (fronteira) – contém as recordações, os sonhos, os lapsos etc. Alguns pensamentos, algumas ações nascem aqui e fornecem índices sobre o inconsciente. Lembrar-se de um sonho, por exemplo, não é a revelação de pensamentos inconscientes, mas sim a evocação de ideias fortemente codificadas. Esse simbolismo nos protege e nos impede de acessar o conteúdo real do inconsciente, que teríamos dificuldade de enfrentar.

O inconsciente (6/7 do conjunto) – contém nossos desejos secretos, nossos medos, algumas lembranças traumáticas etc. Todos esses pensamentos ficam completamente ocultos e não conseguimos ter acesso a eles, pois é o esquecimento desses traumas, sua superação, que nos permite continuar vivendo. Nós NUNCA conseguimos acessar o inconsciente.

Se nos ativermos estritamente à terminologia freudiana, será incorreto falar de "subconsciente" quando nos referimos ao inconsciente. Freud era categórico: o inconsciente é completamente desconhecido, invisível.

B. A libido

Hoje em dia o termo "libido" costuma ser empregado para falar de pulsões sexuais, mas esse uso é uma deformação ou, no mínimo, uma simplificação abusiva do significado que Freud lhe conferiu. No início, a libido designava a **energia inata** que todos possuímos, que nos motiva e nos ajuda a sobreviver – e a atividade sexual era somente uma manifestação dessa libido.

Para descrevê-la, Freud recorreu ao exemplo de uma máquina a vapor.

A intensidade desse "vapor" é um aspecto central de nossa personalidade. Desde que nascemos, todos nós temos uma libido, mas em quantidades desiguais. É uma energia que utilizamos de modos diferentes, dependendo da personalidade de cada um (necessidades e desejos) e de nossas atividades (trabalho, lazer, centros de interesse).

C. O id, o ego e o superego

Freud dividiu nossa psique em três instâncias. Cada uma delas tem suas próprias motivações e seu modo de desenvolvimento, e é sua combinação que nos faz viver.

O **id** é a única instância que a criança tem desde o nascimento. Ele corresponde ao **princípio do prazer**: o bebê procura o prazer (o alimento, o calor, o conforto) e evita tudo o que o desagrada (a fome, o frio, as fraldas molhadas). O id é egoísta e persegue sempre uma satisfação imediata.

O **ego** se desenvolve por volta dos dois anos de idade e corresponde ao **princípio de realidade**. Ele se forma pela diferenciação do id, pelo contato com a realidade. O id não pode mais predominar, e as duas instâncias entram em conflito. Notemos que *id* é a expressão latina mantida pela língua inglesa, e que Freud usava a expressão alemã "*das Es*" (o isso), mantida por exemplo em francês (*le ça*).

Para Freud, as inibições eram frequentes na Europa, onde reinava certa austeridade moral e onde os prazeres, sobretudo os sexuais, eram em geral constrangidos.

O **superego** aparece por volta dos três anos de idade, sob a influência dos pais, e evolui ao longo de toda a infância até atingir a maturidade, no fim da puberdade.

O prefixo "super" indica justamente a posição dominante e reguladora do superego, relativa ao conflito que opõe o id e o ego.

O superego é, um pouco, a nossa consciência, o cão de guarda moral – o grilo falante –, que nos impede de adotar um comportamento abertamente antissocial. Enquanto o ego e o id são egoístas, o superego leva os outros em consideração.

D. Os estágios do desenvolvimento psicossexual

Freud descreveu cinco estágios que, segundo ele, todos nós atravessamos:

Oral (até os 2 anos)
Anal (de 2 a 3 anos)
Fálico (de 3 a 6 anos)
Latente (de 6 a 11 anos)
Genital (a partir dos 11 anos)

Os três primeiros estágios são particularmente importantes, pois eles influenciam fortemente a personalidade na idade adulta.

O estágio oral (até os 2 anos)

A boca é a primeira fonte de prazer: o bebê desenvolve instintivamente o mecanismo de sucção. Por meio da satisfação oral ele adquire confiança e senso de otimismo.

Permanecer bloqueado nesse estágio é fazer o que Freud chamou de **fixação oral**.

O estágio anal (de 2 a 3 anos)

A zona erógena se desloca para o ânus, e a criança toma então consciência de que consegue controlar os intestinos. Ela passa a se limpar e a usar o penico ou o toalete, quando preciso. Cabe então aos pais a tarefa de incentivar a regularidade desse uso e a higiene. A criança adquire um poder de decisão e dá assim um importante passo na direção da independência, o que aumenta a confiança que ela tem em si mesma. Todavia, uma atitude parental demasiado rigorosa, com o objetivo de fazer a criança usar com excessiva frequência o toalete, ou insistindo demais na higiene, pode provocar diversos tipos de perturbações na idade adulta.

Exemplos de fixação anal
Forçar a criança quando ela não tem vontade de evacuar pode criar um bloqueio, fazendo que ela venha a ter dificuldade de se separar do que quer que seja, chegando inclusive a se tornar sovina ou avarenta. Esse é um caso clássico de **retenção anal**.

Conferir importância exagerada à regularidade pode criar na pessoa a mania da pontualidade ou, ao contrário, transformá-la em alguém incuravelmente retardatário.

Da mesma forma, insistir demais na higiene levará a criança a desenvolver um comportamento obsessivo, marcado pela preocupação com a limpeza ou, em uma atitude de rejeição, pela negligência e o descuido.

O estágio fálico (de 3 a 6 anos)

A criança toma consciência das diferenças sexuais e dos órgãos genitais, multiplicando as atividades masturbatórias. O desenvolvimento dos meninos e das meninas não é idêntico nessa fase.

O complexo de Édipo

Inconsciente, o menino atravessa várias etapas:

(a) Sente um forte desejo pela mãe.
(b) Toma consciência da ligação estreita que une os pais, vendo-os dormir juntos.
(c) Desenvolve um sentimento de ciúme do pai e, depois, de ódio.
(d) Tem medo de que o pai descubra seus sentimentos (o ciúme que sente dele e a atração pela mãe).
(e) Teme o maior dos castigos: a castração.

Nesse estágio, a criança é confrontada com um problema que o desespera.

A **resolução** do complexo de Édipo é uma etapa capital rumo à "normalidade". A criança precisa **identificar-se** com a figura do pai, procurando, portanto, ser como ele. Essa é a única maneira que ele tem de resolver o problema, pois assim (a) ele conquista o amor do pai, que deixa de querer puni-lo, e (b) não perde o amor da mãe.
Uma **identificação** desse tipo permite à criança assimilar as atitudes do pai, suas convicções morais, o que a ajudará a formar o superego e a estabelecer a diferença entre os sexos.

Compartilhando uma grande semelhança com a mãe, a menina adota a moralidade desta, assim como sua identidade sexual, e continua fazendo a identificação. Isso de acordo com a perspectiva freudiana, que, no entanto, permaneceu muito vaga a esse respeito...
Depois de trabalhar em colaboração com Freud, de 1906 a 1913, Jung chegou à conclusão de que a teoria psicanalítica conferia importância exagerada ao sexo. E desenvolveu então seus próprios conceitos – logicamente, desaprovados por Freud: as noções de **introversão** e **extroversão**, os **complexos** e os **arquétipos**, além da existência de um **inconsciente coletivo**.

E. Os mecanismos de defesa

São técnicas das quais o nosso inconsciente dispõe para nos prevenir contra a intrusão de pensamentos nefastos em nosso consciente. É assim que mantemos nosso equilíbrio. Entretanto, se recorrermos exageradamente a esses recursos, poderemos ter sérios problemas. Já falamos de dois deles, a **fixação** e a **identificação**.

A seguir, veremos alguns outros.

A rejeição: ela empurra para o inconsciente e ali mantém as ideias consideradas inaceitáveis pelo ego. Dessa forma, evitamos ter de enfrentar lembranças dolorosas, medos, desejos carregados de culpa. Mas jogar esses pensamentos no inconsciente exige que gastemos energia (libido), e isso pode acabar cansando.

A regressão: o paciente regressa a um estágio anterior, procura fugir do estresse ao qual é submetido por situações que provocam nele certo prazer. Chupar o dedo ou um lápis, assim como fumar um cigarro, são exemplos de regressão oral.

O deslocamento: é um fenômeno comum, no qual o paciente desvia sua energia para outra atividade, por não admitir um desejo ou um sentimento.

A sublimação: ela permite utilizar a energia sexual para fins não sexualmente valorizados. Nós nos livramos do estresse ou da raiva por meio do esporte, da jardinagem etc.

Claro que existem outros mecanismos de defesa, como **a negação**, **a projeção** etc.

Os fundamentos da teoria freudiana

Como Freud fez para divulgar sua teoria? Em geral, aproveitando as consultas com seus pacientes (dos quais os mais famosos foram a filha Anna, o pequeno Hans, o homem-rato), os quais ele transformou em estudos de caso. Suas anotações devem ser lidas como breves histórias, e não como descobertas empíricas.

Os métodos freudianos foram retomados e adaptados pelos analistas, terapeutas e psiquiatras que o sucederam.

Dentre os pós-freudianos podemos citar Alfred Adler (1870-1937), Carl Jung (1875-1961), Karen Horney (1885-1952), Erich Fromm (1900-1980) e Erik Erikson (1902-1994).

Avaliação de Freud

Ele curou vários pacientes, ou pelo menos os ajudou a entender e enfrentar seus problemas. Seus métodos ainda são utilizados em psiquiatria. Ele teve um impacto considerável na sociedade do século XX, por ter mudado radicalmente a visão que temos de nós mesmos e dos outros.

Todavia, em psicologia Freud não é nenhuma unanimidade. Inúmeros psicólogos não aceitam a abordagem freudiana por considerá-la "pouco científica" e "impossível de verificar", segundo palavras de Popper. Em consequência, vários cursos de psicologia não conferem às teorias freudianas um lugar de destaque, e muitos simplesmente as desconsideram. Ou seja, nesses casos, privilegia-se tudo aquilo que se pode observar e medir – **o comportamento**.

2. A perspectiva behaviorista

As raízes do behaviorismo (do termo inglês *behaviour*, comportamento) podem ser encontradas no conceito filosófico de **associacionismo**. Essa teoria, em sua forma mais simples, se propõe a estudar as ligações que unem as ideias entre si e, a partir daí, a estabelecer as regras que permitem descrever e explicar o comportamento. O associacionismo nunca chegou a ser uma escola filosófica propriamente dita, mas uma simples corrente de pensamento. Como vimos, ele se desenvolveu a partir do empirismo inglês – Locke, Berkeley e Hume –, mas seus fundamentos estão na verdade em Aristóteles.

Alguns grandes nomes da psicologia recorreram ao associacionismo para explicar o vasto e importante tema que é o aprendizado.

O aprendizado ocorre quando, sob o efeito de uma experiência, o organismo **modifica sua conduta** de modo durável.

Essa "modificação durável" exclui as mudanças temporárias decorrentes de doenças, do cansaço, da embriaguez etc. Por experiência, entendem-se as alterações que não podemos atribuir à hereditariedade, ao crescimento, à invalidez etc.

A teoria do aprendizado e o condicionamento clássico

Ivan Pavlov (1849-1936), fisiologista russo fundador em 1890 do Instituto de Medicina Experimental, é o autor de estudos sobre a digestão, que ele publicou em 1897, em seu *Trabalho sobre as glândulas digestivas*.

Vejamos uma de suas experiências, que ficou famosa...

O cão de Pavlov

Um cachorro é atrelado dentro de uma caixa opaca que não deixa passar nem sons nem odores. Ou seja, ele não consegue nem ouvir, nem ver, nem sentir o cheiro do experimentador. Cada vez que se dá comida a ele, produz-se um som no interior da caixa e mede-se a secreção da saliva produzida. Depois de vários testes combinando os dois estímulos (som e alimento), aciona-se o som sem dar comida a ele e constata-se a salivação do animal.

SOM – estímulo neutro (EN), que em seguida se transforma em estímulo condicional (EC).

CONDIÇÕES EXPERIMENTAIS

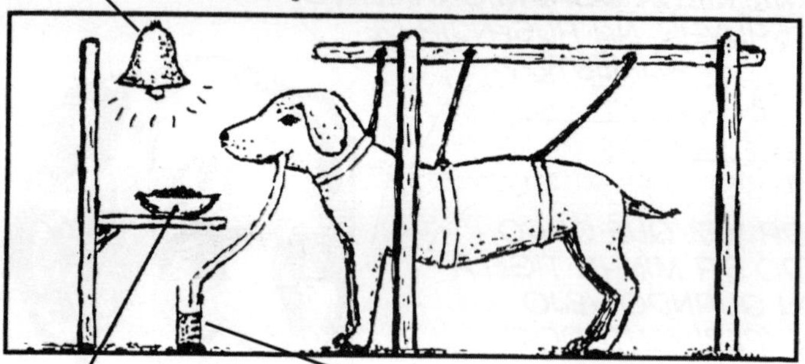

ALIMENTO – estímulo incondicional (EI)

MEDIÇÃO DA SALIVAÇÃO – a resposta incondicional (RI) ao estímulo do alimento se transforma em resposta condicionada (RC) ao estímulo do som

Resumindo:

Antes	Durante	Depois
🔔 → sem resposta (EN) alimento → salivação (EI) (RI)	🔔 ⋯→ (EN) alimento → salivação (EI) (RI)	🔔 → (EC) salivação (RC)

Foi assim que Pavlov condicionou o cão a salivar cada vez que ele ouvia o som.

Prolongamento da experiência

Pavlov descobriu que quando o EC (o som) é repetido no EI (o alimento), a RC (a salivação) cessa progressivamente, até a extinção (da resposta, é claro, e não do cachorro!). Durante essa fase pode acontecer inclusive de o cão adormecer.
Depois de um ou dois dias, se o EC (o som) for repetido, a RC (a salivação) ressurge, apesar da ausência contínua de EI (o alimento). Pavlov chamou isso de recuperação espontânea.
Segundo Pavlov, o cão também pode responder a um estímulo condicional conexo, como o som de um sino diferente.

A terapia comportamental

Mas afinal qual a finalidade de conseguir fazer um cachorro babar? Talvez haja quem considere as primeiras experiências de Pavlov grosseiras e inúteis, mas elas são importantíssimas por dois motivos:
(1) O condicionamento clássico explica praticamente todo aprendizado que implica um jogo de reflexos – o ritmo cardíaco, a transpiração, a tensão muscular etc.
(2) Se os reflexos citados acima são sinais de excitação – quer o motivo seja a ansiedade, quer sejam as pulsões sexuais –, eles podem, no entanto, explicar também os comportamentos pouco habituais e indesejáveis, como as **fobias** e as **perversões sexuais**. Em consequência, o condicionamento clássico constitui a base da terapia comportamental.

O mesmo quadro da página 62 (Antes – Durante – Depois) nos ajuda a entender como nascem as fobias: pensemos no caso de um paciente que tem medo de aranhas porque, quando criança, contaram a ele uma história para fazê-lo ter medo.

Antes	Durante	Depois
Aranha → sem resposta (EN) História → medo (EI) (RI)	(ES) ⇢ História → medo (EI) (RI)	(EC) ↘ medo (RC)

Obs.: se a resposta for forte, uma única tentativa poderá ser suficiente para condicionar o sujeito, seja ele uma pessoa, seja um animal. Com base nessa abordagem teórica surgiram várias teorias.

(1) A dessensibilização
(desenvolvida por J. Wolpe por volta de 1958)
Essa terapia sugere a diminuição progressiva da ligação que une o **estímulo** (nesse caso, a aranha) à **resposta** (o medo que ela provoca) apenas introduzindo o estímulo progressivamente e levando o paciente a relaxar.

(2) O contracondicionamento
Esta outra teoria propõe que se modifique a ligação que une o estímulo à resposta, substituindo a associação "aranha – medo" por outra, "aranha – prazer", na qual o objeto do incômodo será acompanhado de alguma coisa agradável (guloseimas, por exemplo).

Dessa forma, podemos combinar várias teorias – isso é o que chamamos de abordagem **eclética**.

(3) A aversão

Sempre dentro da perspectiva de modificar a ligação entre resposta e estímulo, aqui se substitui a sensação de "prazer" por alguma coisa completamente "desagradável", como um cheiro que provoque ânsia de vômito.

Essa terapia é útil para tratar fumantes ou alcoólatras.

Antes	Durante	Depois
cigarro → é agradável	cigarro ⋱ ↘	cigarro ↘
vomitivo → provoca vômito	vomitivo → provoca vômito	dá enjoo

Essa técnica pode ser utilizada para tratar os comportamentos indesejáveis que põem em xeque os reflexos – do consumo de hambúrgueres às múltiplas perversões sexuais.

As perversões sexuais

O condicionamento clássico possibilita que expliquemos os comportamentos sexuais não habituais. Tomemos o exemplo de uma pessoa que gosta de usar botas de borracha. Como é que isso pode se transformar em fetichismo?

Antes	Durante	Depois
botas → sem resposta estímulo sexual → resposta sexual	botas ⋯→ resposta sexual estímulo sexual → resposta sexual	botas → resposta sexual

Um condicionamento desse tipo também pode trazer à tona outras considerações. Se as botas estiverem cobertas de lama, será a lama que poderá vir a se transformar em motivo de excitação sexual. O objeto "botas" se torna um fetiche, sexualmente condicionado. Qualquer outro objeto pode ser considerado da mesma forma. Acontece com frequência de as roupas serem objetos de fetichismo, principalmente o material do qual são feitas: renda, seda, látex, couro etc. Como em qualquer condicionamento, quanto mais o paciente multiplica as experiências sexuais com o(s) citado(s) objeto(s), mais a noção de fetiche é reforçada.

O voyeurismo

O condicionamento clássico pode explicar **todas** as formas de perversão sexual, desde sua origem até sua manifestação. Um *voyeur*, por exemplo, sente prazer sexual observando os outros.

Ver revistas ou filmes pornográficos é uma forma de voyeurismo.

> Não exagerar na dose
> Toda atividade sexual pode gerar dependência. O homem é mais sensível do que a mulher, pois a estimulação e a satisfação do desejo são mais rápidas.

O sadismo e o masoquismo

O sadismo é uma perversão na qual o prazer sexual é obtido quando se provocam sofrimentos físicos ou morais no parceiro. Esse nome vem do Marquês de Sade (1740-1814), que só conseguia atingir o prazer sexual submetendo outra pessoa a sevícias.

Claro que sempre é possível combinar várias perversões. Sujeição ou “escravidão sexual” (*bondage*) e fetichismo costumam acompanhar o sadismo e o masoquismo.

A pedofilia

Em geral, a atração sexual por crianças é ilegal, mas sua definição leva em consideração a idade de consentimento, que nem sempre é a mesma em todos os países. Na Espanha e nos Países Baixos, por exemplo, é de somente 12 anos!

É possível tratar pedófilos por meio da associação de várias terapias, dentre as quais a aversão e o contracondicionamento.

A homossexualidade

Durante muito tempo, em especial nos Estados Unidos da década de 1950, ela foi considerada uma perversão que podia ser “tratada”, da mesma maneira que a pedofilia. Evidentemente, esse tipo de “terapia” foi abandonado.

Thorndike e o conexionismo

Mais ou menos na mesma época dos trabalhos de Pavlov na ex-URSS, Edward Thorndike (1874-1949) fez nos Estados Unidos pesquisas similares sobre o que ele chamou de conexionismo, ele também derivado do associacionismo.

No começo, o gato faz todo tipo de tentativas, até esbarrar por acaso no trinco interno, e acaba conseguindo escapar. Ele aprende por **ensaio e erro**, pois termina associando a ação de puxar o trinco com a possibilidade de fugir. Thorndike descobriu que em geral o gato precisava de certo tempo para conseguir escapar, mas que depois de repetir a experiência ele aprendia rapidamente a fugir.

As curvas e as leis do aprendizado

Thorndike resumiu em um gráfico o tempo gasto por cada gato para sair, o que nos dá a chamada "curva de aprendizado":

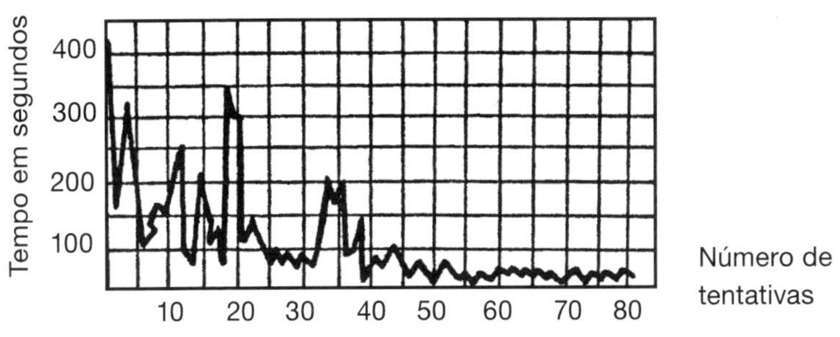

Também podemos recorrer a uma curva desse gênero para ilustrar toda e qualquer forma de aprendizado do ser humano.

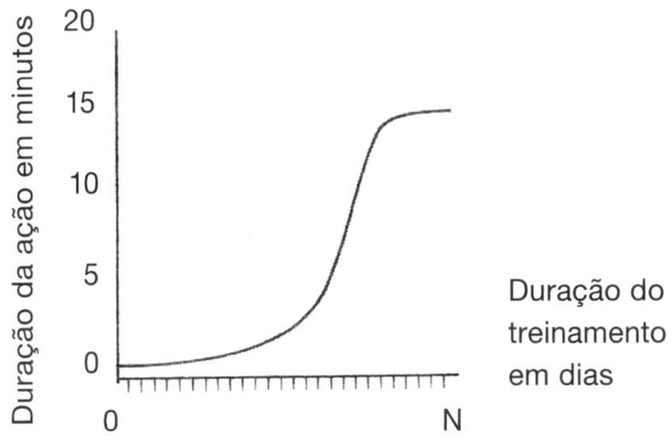

Uma curva de aprendizado demasiado acentuada indica que o indivíduo aprende depressa.
Torndike enunciou duas "leis" de aprendizado:
(1) **Lei do exercício** – a repetição reforça o aprendizado (ou "a prática leva à perfeição"). O fato de repetir como um papagaio um poema, uma peça de teatro ou uma tabuada nos ajuda a aprender o conteúdo de cor.
(2) **Lei do efeito** – uma recompensa tem o efeito de reforçar o aprendizado (ou "se tivermos prazer, repetiremos a experiência").
Thorndike descobriu que a recompensa (lei 2) era mais eficaz do que a simples repetição (lei 1). Do associacionismo nasceu uma nova corrente, que se imporia como uma novíssima perspectiva: o behaviorismo.

Watson e a revolução behaviorista

John B. Watson (1878-1958) cristalizou as tendências contemporâneas ao assinar a certidão de nascimento do behaviorismo, em sua obra *Psychology as the Behaviorist views it* (1913). Ele se interessava especialmente pelo estudo do comportamento animal.

Esta nova corrente teórica não agradou a todo o mundo, sobretudo a Titchener e a McDougall, mas nem por isso ele deixou de fazer um grande sucesso. Sua abordagem, que privilegia a aquisição negando a existência de todo caráter hereditário, inscrevendo-se perfeitamente no *Zeitgeist* norte-americano da época: graças ao aprendizado, cada um pode se transformar em outra pessoa.

Os trabalhos de Watson

A abordagem de Watson rejeita qualquer referência à consciência. Para ele, as emoções são unicamente fruto dos estímulos presentes no ambiente que nos cerca e dão respostas psíquicas mensuráveis (pulsação, transpiração ou o fato de enrubescer).

Segundo Watson, as crianças sentem apenas três tipos de emoções básicas:
O medo – quando a criança é surpreendida por um forte ruído, estando ela sozinha.
A cólera – quando a criança não pode se movimentar como quer.
O amor – quando a criança é acariciada e embalada ou acalentada.
As outras emoções não passam de variações e combinações dessas três.

Exemplo disso foi o estudo feito em 1920 sobre o "bebê Albert". Watson mostra um rato branco ao bebê de onze meses. No início, a criança não tem medo do animal. Depois, cada vez que ele toca o rato, alguém faz soar violentamente uma barra de metal que está atrás da criança.

Desse estudo, Watson concluiu que a maioria de nossos medos e angústias de adulto provêm de experiências similares acontecidas na infância.

E Albert? Watson conseguiu curá-lo?

Pois é, não! Watson não pôde continuar as experiências com o bebê, e pouco tempo depois desse episódio foi obrigado a abandonar a universidade, na sequência de um escândalo provocado por uma ligação com a assistente. Mas já em 1921 ele começou uma nova carreira... na publicidade!

Deontologia

Ninguém sabe o que aconteceu com Albert, mas o caso dele foi uma razão dentre outras para a criação de regras extremamente rigorosas, proibindo esse tipo de pesquisa. Mesmo assim, é interessante constatar que mesmo antes da criação do primeiro código deontológico de psicólogos, em 1961, ninguém teve a ideia de repetir o estudo de Watson!

Peter e o coelho

Mas algumas coisas positivas decorreram desse estudo. Antes de ouvir falar do caso Albert, **Mary Cover Jones** (1896-1987) tentou “descondicionar” o medo dos coelhos sentido por um garotinho, Peter (Jones, 1924).

“Peter” foi o primeiro caso documentado de terapia comportamental (dessensibilização), bem antes da explosão do fenômeno. Watson acreditava que, ao condicionar reflexos, ou seja, controlando emoções e moldando o comportamento, seria possível criar uma sociedade melhor (Watson, 1930).

“O MUNDO MUDARÁ SE VOCÊS CRIAREM SEUS FILHOS DENTRO DA LIBERDADE BEHAVIORISTA... POIS SÃO ELES QUE FORMARÃO A SOCIEDADE DO FUTURO. ELES VIVERÃO MELHOR. ELES PENSARÃO MELHOR. E CRIARÃO OS PRÓPRIOS FILHOS DENTRO DE UMA LÓGICA CIENTÍFICA, ATÉ O DIA EM QUE O MUNDO SE TORNARÁ UM PARAÍSO PARA O SER HUMANO.”

O behaviorismo de Watson foi retomado e desenvolvido nos anos 1930 e 1940 por algumas figuras, como Tolman, Guthrie ou Hull, mas, sobretudo, por Skinner, o mais famoso de todos.

Skinner e o behaviorismo radical

Quando **Burrhus Frederick Skinner** (1904-1990) publicou seu primeiro grande livro, *O comportamento dos organismos: uma análise experimental* (1938), não vendeu mais do que uns poucos exemplares. Mas *Ciência e comportamento humano*, de 1953, fez um grande sucesso.

Contrastando com Pavlov, cujo estudo dizia respeito ao condicionamento clássico do reflexo, Skinner se deteve no comportamento operante, em que a resposta parece **voluntária**.

Comparação entre Pavlov e Skinner	
Pavlov Condicionamento clássico de Pavlov Estímulo observável → resposta (reflexo) O animal responde, mas não consegue atuar sobre o meio: **comportamento respondente.**	**Skinner** Condicionamento operante de Skinner Sem estímulo observável → resposta (ausência de reflexo) O animal atua sobre o meio: **comportamento operante.**

O condicionamento operante

Skinner inventou um “aparelho de condicionamento operante”, batizado de “caixa de Skinner” por Hull, em 1933. A experiência é a seguinte: um rato faminto é colocado na caixa, que contém um pedal. Se esse pedal for acionado, será inserida na caixa uma bolinha de comida. O rato acaba pisando no pedal por acaso.

1. Num primeiro momento, nenhuma bolinha de comida é fornecida (com o objetivo de estabelecer o ponto de partida da experiência).

2. Em seguida, o distribuidor de alimento é conectado ao pedal.

3. Em seguida, o distribuidor de alimento é desconectado, mas o rato continua acionando o pedal. Esse é o **condicionamento operante**.

4. Apesar de só receber alimento esporadicamente (**estímulo parcial**), o rato continua pisando no pedal. Skinner testou diferentes programas de estímulo parcial para determinar qual era o mais eficaz.

Os programas de estímulo

Skinner estudou quatro programas de estímulo que identificam o momento no qual a resposta é reforçada:

1. de intervalo fixo (IF) – após lapso de tempo definido (um minuto)
2. de intervalo variável (IV) – após determinado tempo, modificado aleatoriamente de um teste para outro (uma vez por minuto, em média)
3. de proporção fixa (PF) – após número definido de respostas (a cada vinte pisadas no pedal)
4. de proporção variável (PV) – após número variável de respostas, mas com base em uma média (cerca de vinte pisadas no pedal)

O estímulo de proporção variável dá melhor resultado porque é resistente à extinção. Alguns pombos, por exemplo, forneceram vários milhares de respostas sem qualquer tipo de reforçador.

O intervalo entre a resposta e o estímulo

Skinner constatou que o intervalo ideal entre a resposta e o estímulo é de meio segundo, ou seja, **praticamente imediato**. Essa descoberta foi muito importante. Se quisermos, por exemplo, recompensar ou punir uma criança, será preciso agir imediatamente, para que o estímulo positivo ou negativo sejam eficazes.

Nessa explicação também está a razão da relativa ineficácia do sistema penal. Tomemos o exemplo de um ladrão que rouba uma casa. Detido pela polícia três meses depois, em média ele será julgado um ano depois da prisão, o que é bem demorado! Isso nos ajuda a entender por que a punição nem sempre é eficaz, mesmo que, segundo Skinner, outras razões venham a se somar a essa.

Por que castigar nem sempre serve para alguma coisa

1. Em geral, se a punição é menos eficaz do que previsto é porque ela provoca uma resposta menor e tardia. Por isso é melhor privilegiar uma combinação de recompensa (estímulo positivo) e retirada dessa recompensa (ausência de estímulo).

2. O castigo também pode levar o sujeito a fazer de tudo para evitá-lo, em vez de mudar seu comportamento.

3. O sujeito ainda pode associar o castigo a quem o impõe, e não ao próprio comportamento.

4. Por fim, se a punição ensina ao sujeito o que ele não deve fazer, nem por isso ela lhe ensina o que ele deve fazer.

Skinner também descobriu que muitas pessoas, dentre pais, professores e juízes, tinham falsas ideias sobre o que imaginavam ser "punir" e recompensar.

Recompensar e punir: em quais medidas?

Skinner estava convencido de que algumas maneiras de recompensar uma criança podiam, ao contrário, penalizá-la.

A mesma coisa vale para determinados castigos.

Segundo Skinner, **cada indivíduo tem necessidades específicas**. Em consequência disso, alguns estímulos serão eficazes e outros não, dependendo da pessoa.

Definições e aplicações

Antes de poder aplicar esses conceitos era preciso entender o que Skinner entendia por estímulo positivo, estímulo negativo e punição. Como ninguém parecia ter uma noção clara das palavras "punição" e "recompensa", o próprio Skinner definiu esses termos.

Estímulo positivo: a presença de um estímulo serve para manter ou reforçar uma resposta. Por exemplo: quanto mais o rato apertar o pedal, mais bolinhas de carne ele receberá.

Estímulo negativo: a ausência de um estímulo serve para reforçar uma resposta. Por exemplo: quanto mais o rato apertar o pedal, menos chances ele terá de receber choques elétricos.

Punição: a probabilidade de respostas diminui quando o sujeito se vê submetido a qualquer coisa que seja desagradável.

Crianças com problemas

Para Skinner, a maioria das crianças consideradas "problema", ou temperamentais, são crianças iguais às outras, ativas e gozando de boa saúde, mas cuja educação nem sempre foi bem-sucedida, seja por culpa dos pais, seja por culpa dos professores. Por exemplo: só dar atenção à criança (estímulo positivo) quando ela se comporta mal, e ignorá-la quando ela se comporta bem.

Também é preciso desconfiar quando uma criança é bem-comportada demais. Não é porque ela se mantém tranquila e não faz nada de errado que tudo vai bem. Ao contrário, na idade adulta essa criança pode se transformar em um adulto neurótico, incapaz de empreender a mínima ação, incapaz de qualquer iniciativa.

Moldando o comportamento em três etapas

Segundo Skinner, o ideal é se dedicar prioritariamente a educar e condicionar a criança desde a mais tenra idade. (Alguns pais conseguem fazer isso naturalmente, mesmo sem saber como.) Skinner desenvolveu um sistema extremamente simples, um método em três etapas, considerado eficaz para ser aplicado tanto em seres humanos quanto em animais.

1. Definir o objetivo, o comportamento desejado

2. Definir o ponto de partida do aprendizado

3. Reforçar positivamente cada etapa na direção desejada, ignorando todo e qualquer comportamento diferente.

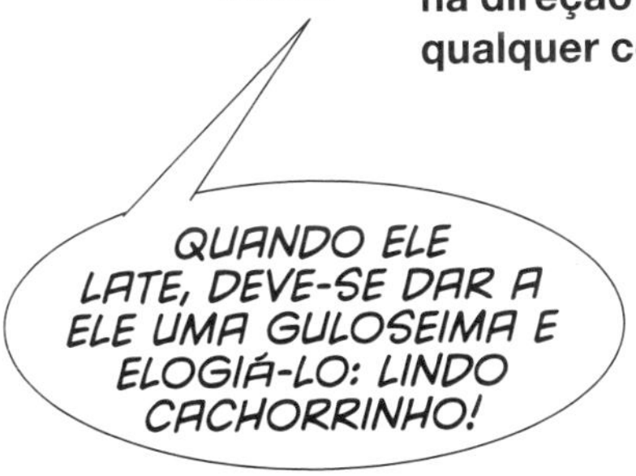

Esse método é utilizado para treinar cães de guarda, cães policiais e cães para cegos. Com base nessa abordagem simples mas eficaz, Skinner concebeu todo um método para modificar o comportamento.

Modificar o comportamento

Para Skinner, parecia evidente que alguns adultos e crianças precisam alterar seu comportamento para encontrar com mais facilidade seu lugar na sociedade. Mas na criança os esforços dizem respeito tanto ao seu próprio comportamento quanto ao dos pais. Em um caso clássico, o psicólogo começa ajudando os pais a decidir qual tipo preciso de comportamento eles consideram desejável (primeira etapa) ou indesejável (segunda etapa).

Desejável	Indesejável
- comer com talheres	- atirar comida
- pedir educadamente	- gritar „eu quero!“
- não xingar	- xingar
- sentar na cadeira	- ficar em pé na cadeira
- andar pelo corredor	- correr pelo corredor
etc.	etc.

As duas ideias fundamentais dessa abordagem são a **coerência** (reforçar sempre do mesmo jeito um comportamento dado) e a **firmeza** (não desviar do programa).

Esse tipo de modificação do comportamento também pode ser aplicado em hospitais, no tratamento de doentes mentais. (Em especial a técnica das fichas, na qual se distribuem fichas de plástico que podem ser trocadas por prêmios e privilégios.)

O método skinneriano na educação

O método de Skinner seduziu pais que queriam ter sucesso na educação dos filhos, mas também nas salas de aula. O professor podia então decidir quais objetivos cada criança deveria atingir e fazia uma lista de objetivos comportamentais.

Exemplo: "Quando tiver lido este livro, você será capaz de:
- enunciar uma definição simples da psicologia
- descrever três tipos de tarefas cumpridas por um psicólogo
- comparar a psicologia com a psiquiatria e a sociologia
- citar pelo menos sete grandes nomes da psicologia...

Note: Os verbos empregados devem sempre dar uma ideia de medida. Por isso, convém evitar termos vagos como "compreender", "saber", "captar" etc.

Este exercício de redigir uma lista de objetivos é aconselhado a todos os que quiserem estabelecer uma linha de conduta para atingir este ou aquele objetivo na vida.

Teste: em uma folha de papel em branco escreva exatamente quais são os objetivos que precisa alcançar nos próximos cinco anos. Não seja evasivo, contentando-se em escrever "quero enriquecer" ou "quero ser bem-sucedido". Pelo contrário, diga "quero ter um capital de ___ " ou "quero ser bem-sucedido em_____________________________ _____________________________".

Assim, graças ao condicionamento é possível melhorar a sociedade, como Skinner descreveu em sua obra sobre a utopia, *Walden Two*, em 1948. Cabe a cada um de nós desenvolver bons **hábitos**, para retomar a expressão de William James.
Dentro dessa mesma linha de Skinner, a perspectiva behaviorista viu surgir uma abordagem menos radical, mais preocupada com os comportamentos que aparentemente não são condicionados por nenhum estímulo.

A teoria do aprendizado social

O behaviorismo radical de Watson e Skinner – todo comportamento é fruto de um estímulo, de uma resposta e de um reforço – não é do agrado de todos. Para alguns convém considerar igualmente a ação dos processos mentais ditos cognitivos.

Julian Rotter (nascido em 1916) inventou a **teoria do aprendizado social** (1947), cuja definição ele formulou quando ainda estudava as interações sociais em condições experimentais. Para ele, o ser humano tem **expectativas** quanto às consequências de seu comportamento, quanto ao tipo de reforço obtido etc. Além disso, as pessoas têm valores individuais que aplicam ao próprio comportamento e ao estímulo recebido. Para Rotter, a questão essencial é "qual é seu **ponto de controle**?".

1. As pessoas que funcionam segundo um **ponto de controle interno** acham que o estímulo depende de esforços pessoais. Elas são de opinião que controlam a própria vida e agem de acordo com ela. Gozam de boa saúde física e psicológica e beneficiam-se de melhores aptidões sociais. Os pais as incentivam, nunca hesitam em elogiá-las, têm para elas atitudes constantes e não demonstram ostensivamente sua autoridade.

2. As pessoas que funcionam segundo um **ponto de controle externo** pensam que o estímulo depende de fontes externas e não fazem o menor esforço para melhorar a própria vida.

Bandura e o João-Bobo

Albert Bandura (nascido em 1925 no Canadá) desenvolveu no início dos anos 1960 uma versão do behaviorismo que ele batizou primeiramente de sociobehaviorismo, antes de dar a ele o nome de **teoria cognitiva social**. Às vezes o comportamento humano é complicado demais para ser sempre condicionado por estímulos positivos e negativos. Também é possível aprender **observando** as demais pessoas e constatando as consequências de suas ações. Esse importante método de aprendizado indireto leva o nome de "aprendizado vicário" ou **aprendizado por observação**.

Em uma experiência bastante simples, feita em 1963, Bandura usou dois grupos de crianças reunidas por ele e colocadas na presença de um adulto em uma sala de jogos. Na frente das crianças o adulto age de modo agressivo com um boneco inflável. Em seguida, Bandura separa os dois grupos de crianças.

As crianças são em seguida deixadas na sala de jogos e seu comportamento é filmado.

Resultados do experimento

Sem ser diretamente incentivado, o primeiro grupo se comporta de modo bem mais agressivo com o boneco do que o segundo.

Conclusão: as crianças podem imitar espontaneamente o comportamento de um modelo, sem estímulo aparente.

Essa experiência foi uma das primeiras a demonstrar a atitude particular que as crianças têm de imitar a violência. As pesquisas avançadas feitas em seguida por Bandura – mostrar cenas de violência em filmes ou desenhos animados – estabeleceram claramente a influência determinante que a violência, seja na televisão, seja no cinema, pode ter sobre as crianças. Infelizmente, esses experimentos não são capazes de medir o efeito no longo prazo.

No quadro terápico, esse processo de **imitação** pode se revelar bastante útil. Bandura fala de **modelagem**.

A "modelagem"

Assim como Skinner, Bandura procurou uma explicação prática para esses trabalhos a fim de modificar os comportamentos anormais indesejáveis. De acordo com essa perspectiva, o terapeuta é quem serve de modelo e mostra ao paciente como ele deve se comportar. Assim, se retomarmos o exemplo de nosso paciente aterrorizado pelas aranhas...

A "modelagem" é um excelente meio para tratar fobias, perturbações obsessivas ou compulsivas, problemas sexuais, angústias etc. As aplicações também são claras no domínio da **educação** e do **treinamento**, em que o professor ou o treinador agem como "modelo" para os alunos.

No quadro terápico, esse processo de **imitação** pode se revelar bastante útil. Bandura fala de "**modelagem**".

3. A perspectiva cognitivista

O termo "cognição" se refere à elaboração de representações mentais – a percepção, a memória, a linguagem, a reflexão etc. A perspectiva cognitivista costuma ser considerada como uma resposta ao behaviorismo radical.

Do ponto de vista estritamente histórico, a verdadeira revolução cognitiva só aconteceu no fim dos anos 1950. Entretanto, certas ideias sobre a importância dos processos mentais e da consciência já tinham surgido bem antes, sobretudo entre os estruturalistas e os funcionalistas e, em especial, entre os teóricos da Gestalt. É nesse sentido que a perspectiva cognitiva, como nós a trataremos aqui, inclui o **gestaltismo**, apesar de as duas escolas serem muitas vezes consideradas separadamente.

A Gestalt, ou a psicologia da forma

Se a psicologia surgiu na Alemanha, foi nos Estados Unidos que ela cresceu, por meio do estruturalismo, do funcionalismo e do behaviorismo. Mas foi em seu país natal que ela fez nascer, em paralelo ao behaviorismo norte-americano, uma nova escola, a *Gestalttheorie*, com nomes como Wertheimer, Koffka e Köhler (que foram para os Estados Unidos nos anos 1930, escapando do nazismo). Essa psicologia criticava em especial a teoria de Wundt, o "elementismo", de apreensão de cada coisa como a simples soma de vários elementos.

E afinal, o que quer dizer Gestalt?
Não existe uma tradução exata da palavra alemã Gestalt. Mas o conceito mais aproximado é de motivo, estrutura, organização... A "forma global", o conjunto é mais importante do que os elementos que o compõem.

A mente ativa

Os gestaltistas consideram que a mente é **ativa**, ou seja, está constantemente à procura de **significados**. Isso é particularmente flagrante no caso da percepção visual, quando tentamos reconhecer o rosto de uma pessoa, por exemplo.

Os gestaltistas

Max Wertheimer (1880-1943) lançou as bases da psicologia da Gestalt, publicando em 1912 o artigo "Estudos experimentais sobre a percepção do movimento", em que fala da ilusão de um movimento aparente, quando da projeção rápida de uma sequência de imagens fixas. Evidentemente, esse é o princípio da cinematografia, já utilizado pelos filmes da época, rodados em 28 imagens por segundo. Wertheimer chamou esse fenômeno de movimento aparente...

O fenômeno *phi*

Wertheimer fez um experimento bem simples: aproximou duas lâmpadas, *A* e *B*, ambas atrás da respectiva fenda.

Apesar de muito simples, a demonstração de Wertheimer é importante por dois motivos:
1. Ela contradiz Wundt:
A explicação de Wertheimer é que o movimento aparente existe exatamente como ele é percebido – ele não pode ser reduzido!

2. Ela estabelece claramente que o **todo é diferente da soma das partes que o constituem**.

Evidentemente, o fenômeno *phi* foi amplamente estudado desde então. O melhor exemplo é o placar eletrônico animado.

Wertheimer praticou a experiência do fenômeno *phi* em dois de seus discípulos, que, em seguida, dariam continuidade aos trabalhos dele.

Koffka e Köhler

Kurt Koffka (1886-1941) publicou os conceitos fundamentais da Gestalt em 1922, em uma obra intitulada *Perception: An Introduction to Gestalt-Theorie*. Mas o título é bastante reducionista, pois a Gestalt dá conta de um domínio **bem** mais vasto (aprender, pensar etc.). Em 1935 ele escreveu *Principles* of *Gestalt Psychology*, bem mais completo.

Wolfgang Köhler (1887-1967) foi o porta-voz do movimento. Ele trabalhou com Max Planck, o fundador da moderna física quântica, que influenciou enormemente sua abordagem científica. Köhler é conhecido sobretudo por ter estudado os chimpanzés, a partir de 1913, em Tenerife, nas ilhas Canárias, onde ficou retido durante a Primeira Grande Guerra (1914-1918).

Quando voltou para a Alemanha, após a guerra, Köhler publicou outro grande clássico, *Die physischen Gestalten in Ruhe und im stationären Zustand. Eine naturphilosophische Untersuchung* [As formas físicas no espaço e nos estados estacionários] (1920) e o denso *Gestalt Psychology* [Psicologia da forma] (1929).

As experiências de Köhler permitiram chegar a uma quarta teoria do aprendizado, além do condicionamento clássico de Pavlov, do condicionamento operante de Skinner e do aprendizado vicário de Bandura...

Teoria do aprendizado por *insight* (ou "aprendizado cognitivo")

Köhler quis fazer seus chimpanzés resolverem problemas simples, dentre os quais o que se segue. Ele colocou pedaços ocos de bambu de diferentes comprimentos perto da jaula e, mais distante, um pedaço de fruta, fora do alcance dos animais...

Köhler deu um nome a esse raio, esse *flash* de compreensão, essa luzinha que se acende e que possibilita que uma solução seja encontrada de repente: *Einsicht* (depois traduzido para o inglês, *insight*). Esse experimento também costuma ser chamado de fenômeno "Ah-Ha". Contrariamente às outras três teorias do aprendizado, esta leva em consideração o mecanismo de pensamento do indivíduo. Do mesmo jeito que o animal, o ser humano pode aprender pensando, e não somente por condicionamento ou por imitação, processos esses nos quais não entra nenhuma reflexão.

Os principais princípios da Gestalt

Wertheimer fez um estudo profundo sobre a percepção visual. Segundo ele, ela supõe uma interação entre certos órgãos sensoriais (ver as formas) e o cérebro (interpretar a informação).
Quando percebemos um objeto, a informação que recebemos é a de um todo, de uma forma global, e não a simples sequência de sensações separadas. Eis alguns exemplos e as principais leis que decorrem deles:

1. Proximidade ooooooo

• Como os pontos são próximos, eles são vistos em seu conjunto como uma linha. Essa é a chamada "lei de proximidade".

2. Continuidade 

• Temos mais tendência a ver duas linhas que se cruzam do que duas formas em formato de V juntas.

3. Similitude

oxoxoxo
oxoxoxo
oxoxoxo
oxoxoxo

• Percebemos mais colunas verticais do que as linhas horizontais.

4. Fechamento 

• Assumimos elementos faltantes como algo acidental ou oculto.

5. Lei de Pragnanz (ou Lei da Boa Forma)
Dentre várias organizações geométricas possíveis, a que será efetivamente considerada é aquela que tem a melhor forma, a mais simples, a mais estável.

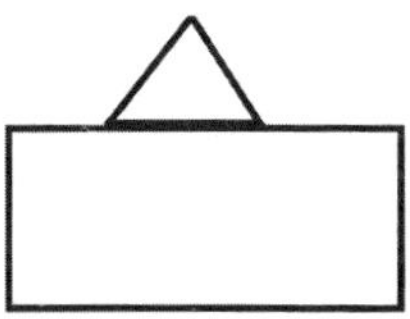

Pragnanz correta

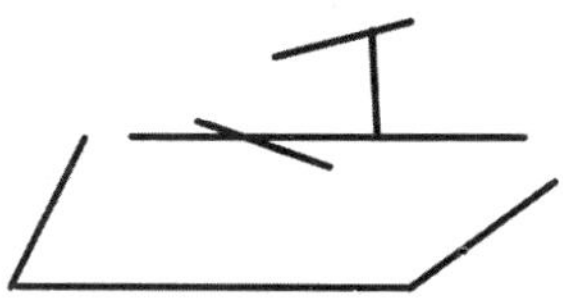

Pragnanz incorreta

6. Ilusões

O olho percebe elementos no primeiro plano e outros no plano de fundo. Se os dados sensoriais forem ambíguos, no caso de uma dualidade entre as regiões e os contornos, "passaremos" então de uma visão a outra.

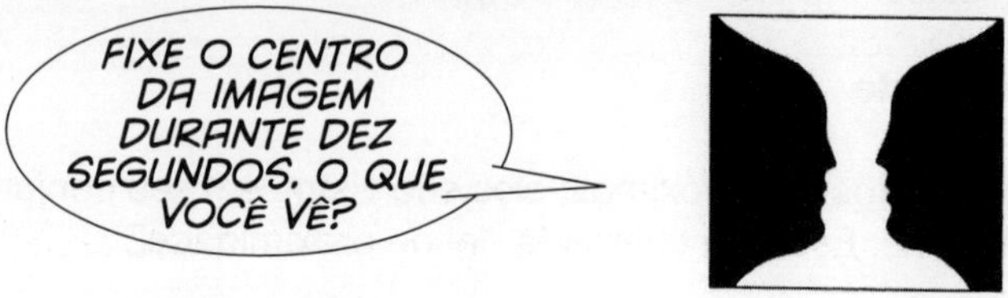

No famoso desenho do vaso de Rubin vemos ou um vaso ou dois perfis de frente um para o outro.

Outros motivos ambíguos também podem ser vistos de um jeito ou de outro, dependendo da personalidade de quem observa, das expectativas, do estado de espírito.

As ilusões são simples manifestações da "mente ativa"...

Nossos **outros sentidos** funcionam da mesma maneira. A audição, por exemplo: quando ouvimos uma melodia, nós a percebemos como uma unidade musical coerente e não como uma sucessão de notas, o que explica que mesmo as árias mais simples possam ter um forte significado. Segundo a psicologia da forma, **TODO aspecto do pensamento** pode ter essas características de Gestalt, ou seja, ele é objeto de tratamento perceptivo e pode ser entendido segundo as leis da Gestalt – quer seja de um ponto de vista emocional (ficar perturbado por um "conjunto de acontecimentos"), interpessoal (apreciar a personalidade de alguém "em seu conjunto"), social (sentir o efeito de grupo quando se está "junto") etc.

Domínio de aplicação da Gestalt

Terapia

Um terapeuta de Gestalt considera a personalidade do paciente "em seu conjunto", sem se deter nos signos ou sintomas particulares. O paciente pode, por exemplo, não estar satisfeito com o "aspecto geral" da própria vida ou com o emprego, com os hábitos familiares ou alimentares, o esporte que pratica, as atividades às quais se dedica, os interesses que privilegia etc. É o tipo de abordagem que tem a medicina holística.

Educação

Segundo a concepção da Gestalt, como diz Wertheimer em *Pensamento criador* (1945), todo aluno vê o aprendizado como um conjunto.

A teoria dos campos

Kurt Lewin (1890-1947) estendeu a teoria da Gestalt ao estudo da personalidade, das necessidades, das influências sociais e sobretudo da motivação. Seguindo a orientação de Köhler e influenciado pelo pioneiro da física quântica, Max Planck (1858-1947), ele aplicou a situações humanas a teoria dos campos utilizada em física.

Após o século XIX, os físicos começaram a raciocinar menos em termos de componentes individuais da matéria (como o átomo) e mais em termos de "campos de força", a saber, regiões ou espaços afetados por forças como o magnetismo ou a eletricidade.

Lewin resumiu na forma de diagrama o passado, o presente e o futuro de uma vida ou de uma situação dada, incluindo nela o movimento, os obstáculos, as influências externas, as relações, as ambições pessoais etc. Esses diagramas ajudam em especial a compreender como os indivíduos procuram atingir um equilíbrio relativamente ao ambiente em que vivem.

Diagrama retirado de *The boy who wants to be a doctor* (Lewin, 1936)

P = menino enquanto pessoa
ce = exame de entrada no colégio
c = colégio
m = faculdade de medicina
i = internato
Pr = exercício da medicina propriamente dito
G = objetivo a ser atingido, ser médico

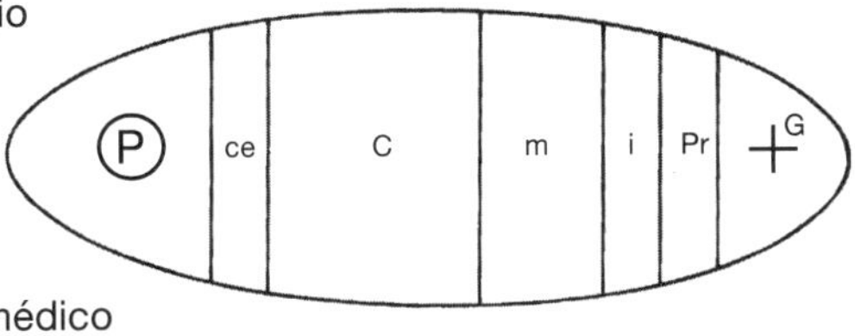

Partindo do comportamento individual, Lewin tentou aplicar suas descobertas ao comportamento de grupo: os campos sociais incluem subgrupos, linhas de comunicação, obstáculos, objetivos etc.

Assim, ele se dedicou a um estudo de caso envolvendo três grupos de meninos, cada um confiado a um adulto. E determinou três modos de liderança, em função da atitude do adulto: autoritária, democrática e *laisser-faire* (Lewin, Lippitt e White, 1939).

Atualmente, as descobertas de Lewin são aplicadas em educação, terapia de grupo e *management*.

O movimento cognitivo

A psicologia cognitiva, da forma como a conhecemos hoje, deve seu desenvolvimento a dois acontecimentos: em 1960, a criação do Centro de Estudos Cognitivos, em Harvard, por Bruner e Miller; e em 1967, a publicação de *Psicologia cognitiva*, por Ulric Neisser (1928-2012), que, segundo Goleman, "definiu o quadro desse domínio" (1983).

As raízes comuns desse movimento remontam não só aos teóricos da Gestalt, mas também a outros psicólogos, como Guthrie, Tolman (dentre os behavioristas dissidentes) e Piaget (do qual falaremos mais adiante).

George Miller (nascido em 1920) discordava da abordagem behaviorista.

Ulric Neisser também se opôs ao behaviorismo radical.

Foi a publicação de seu livro, em 1967, que o transformou em pai da psicologia cognitiva. Ele definiu a cognição como o conjunto de processos "segundo os quais uma informação sensorial é transformada, reduzida, elaborada, arquivada, recuperada e utilizada... A cognição entra em jogo em cada ação passível de ser realizada por um ser humano".

O advento da informática teve um impacto considerável sobre a psicologia cognitiva de duas maneiras diferentes:

(a) O modelo do computador
A mente é entendida como o computador...

Material = Cérebro
Programas = Pensamento (Idioma)

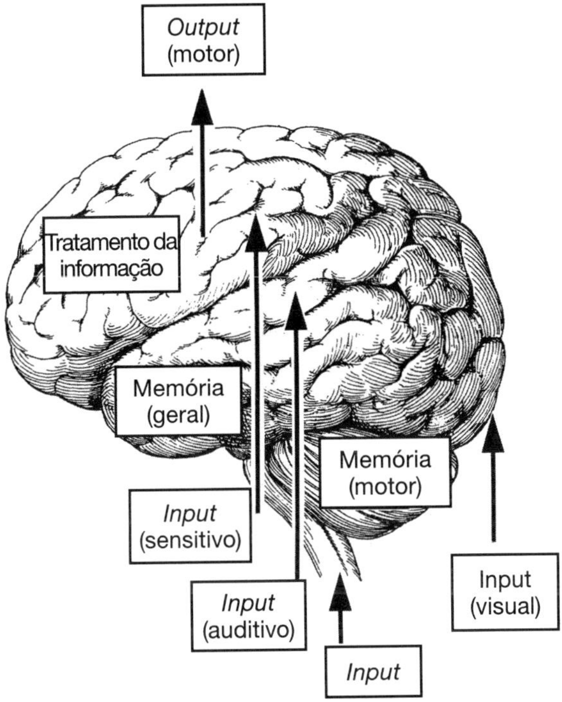

O recurso a essa metáfora não tem nada de surpreendente, pois é bem antiga. Já no século XVII se comparava o cérebro humano com um relógio. Por isso, aparentemente sempre se recorreu ao que existe de mais sofisticado como máquina para tentar explicar o maquinário humano. Um simbolismo desse tipo é muito útil, mas tem limites se usado literalmente. Afinal, não podemos esquecer que, mesmo o maior computador do mundo, continua bem limitado se comparado com o cérebro humano!

(b) A utilização do computador em psicologia

A possibilidade de coletar, agrupar e analisar informações usando um computador foi extremamente útil para a psicologia. Mas o cognitivismo abusou disso, sem dúvida, ao fazer do computador sua ferramenta principal de pesquisa: hoje em dia, muitos laboratórios recorrem a programas informáticos para fazer testes...

Ulric Neisser

Apesar desses problemas, os fatores cognitivos são considerados em domínios diversos e variados, em psicologia educativa, clínica e social, principalmente, e também em psicologia do trabalho, na gestão de recursos humanos.

Mas a ênfase no humano, lembrando que cada indivíduo é diferente dos demais, precisaria esperar pela quarta perspectiva.

4. A perspectiva humanista

A perspectiva humanista se desenvolveu durante os anos 1960, paralelamente ao cognitivismo. Nos Estados Unidos ela logo assumiu o nome de "Terceira Força", relativamente à psicanálise e ao behaviorismo.

Ideias centrais da psicologia humanista:

1. Estuda-se o **indivíduo**, sobretudo suas escolhas pessoais: livre-arbítrio, criatividade, espontaneidade.
2. Privilegia-se o **consciente**.
3. Considera-se tudo o que está relacionado, em maior ou menor escala, com a **natureza humana**.

Dentre os precursores dessa corrente podemos citar William James, os gestaltistas e alguns pós-freudianos (Adler, Jung, Erikson, Allport). A psicologia humanista também decorre da importante corrente filosófica chamada **fenomenologia**, que tem o objetivo de captar, por meio de uma volta aos dados imediatos da consciência, as estruturas da consciência e a essência dos seres (Müller, Stumpf, Husserl) e que também foi precursora da Gestalt (a psicologia da forma).

Com esses antecedentes, a psicologia humanista encontrou na liberação da década de 1960 o *Zeitgeist* ideal para seu desabrochar.

Filosofia da psicologia humanista

Mais do que ninguém, os psicólogos humanistas denunciaram as limitações do behaviorismo, que reduz o ser humano ao estado de simples máquina programável...

Os humanistas fizeram críticas severas à importância dada por Freud às perturbações psíquicas e aos aspectos negativos da natureza humana (a miséria, a inveja, o ódio, o medo, o egoísmo).

Mas eles se interessaram pelo equilíbrio psíquico e por tudo o que se relaciona com a felicidade, a satisfação, o prazer, a gentileza, a atenção, o compartilhar, a generosidade etc.

Dois homens, em particular, tinham essa concepção: Maslow e Rogers.

Maslow

Abraham Maslow (1908-1970) é considerado o pai da psicologia humanista. Se no início era um behaviorista convicto, mais tarde se desencantou por causa das limitações dessa abordagem que, para ele, ignorava o indivíduo enquanto tal.

Ele foi influenciado por dois de seus professores – a antropóloga Ruth Benedict e o gestaltista Max Wertheimer.

O resultado dessa pesquisa (desenvolvida em *Motivation and Personality*, de 1970, e *The Farther Reaches of Human Nature*, de 1971) foi a teoria da realização do eu: uma motivação inerente ao indivíduo o leva a atingir seu potencial utilizando seus talentos e capacidades. Cada vez que sente uma sensação de realização, ele atinge um apogeu e vive o que Maslow chamou de experiência culminante ("*peak experience*").

Para conseguir fazer essa realização do eu é preciso antes satisfazer a diferentes níveis de "necessidade" que se sucedem em uma ordem precisa.

A hierarquia das necessidades

Precisamos atender a cada uma das necessidades, antes de sentir a motivação da seguinte.

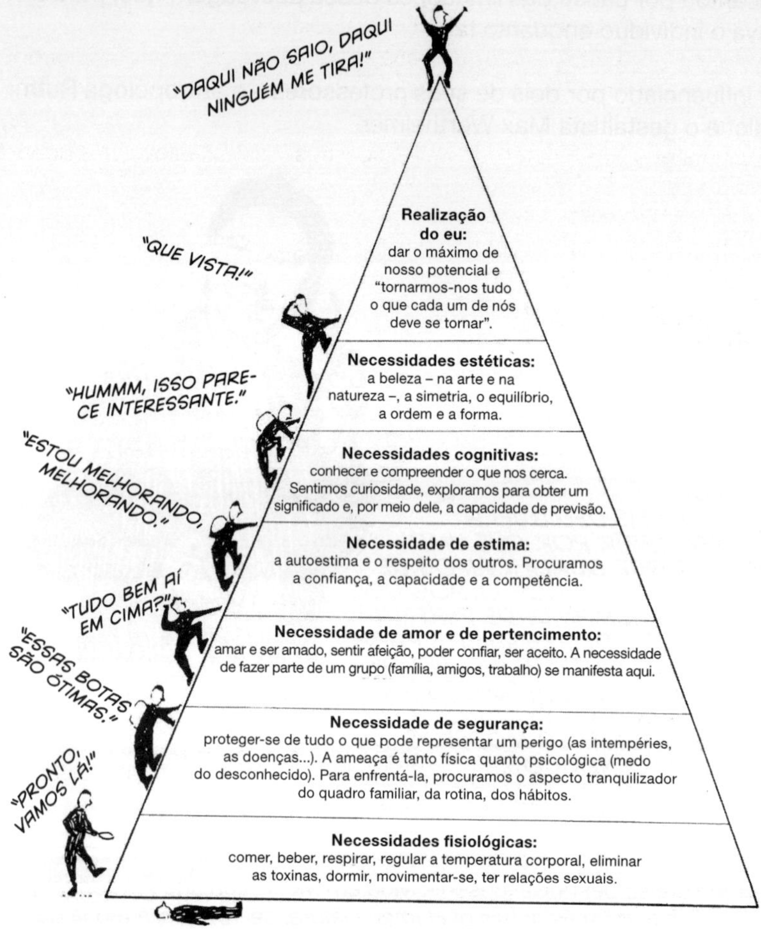

A pirâmide de Maslow funciona como uma escala. Partindo da base, é preciso atender a cada necessidade, antes de passar para o próximo nível. Todos os dias subimos e descemos várias vezes os degraus dessa escala, atingimos diferentes níveis, antes de descermos novamente até a base – afinal, todos nós precisamos dormir!

Domínios de aplicação

Educação: formar professores para motivar os alunos; ajudar os alunos a planejar os estudos (fixar objetivos, fazer pausas regulares).
Terapia: ajudar o paciente a entender as próprias necessidades, e também as dos outros (amor, afeição, autoestima).
***Management*:** treinar gerentes e chefes a captar as expectativas dos funcionários e garantir a motivação (um vestiário decente, uma cantina correta, elogios e incentivos etc.).
Afinal, quais eram as "características comuns" que Maslow procurava?

As pessoas equilibradas:

1. Percebem a realidade de modo objetivo.
2. Aceitam a própria natureza.
3. Comprometem-se e investem em um trabalho particular.
4. São naturais, simples e espontâneas.
5. São independentes, fazem questão de serem autônomas e protegem sua vida particular.
6. Têm experiências culminantes ou místicas intensas.
7. Amam seus semelhantes e têm o senso de uma dimensão social.
8. Não são conformistas.
9. Preferem um modo de vida democrático.
10. Demonstram ser bastante criativos.

Além disso, Maslow descobriu que só 1% da população consegue atingir a realização do eu. Em geral, estamos falando de indivíduos de idade adulta ou mais avançada e que não apresentam nenhuma neurose.
Mas todos nós podemos atingir esse ápice e ter belas experiências culminantes, bastando se esforçar um pouco. Foi justamente isso que Rogers, contemporâneo de Maslow, tentou demonstrar.

Rogers

Carl Rogers (1902-1987) desenvolveu uma teoria de autorrealização muito parecida com a de Maslow, no sentido de que também insistia no conceito de motivação inata que nos empurra a desenvolver todo o nosso potencial. Mas existem algumas diferenças sutis entre as duas abordagens. Rogers considera que essa busca do melhor potencial é um processo contínuo. Por isso, ele preferiu chamá-lo de **concretização** do eu, em vez de realização do eu, termo escolhido por Maslow. Em inglês, respectivamente, *self actualizing e self actualization.*

Para Rogers, a educação é um fator crucial para o desenvolvimento da personalidade da criança. Nesse processo educativo o papel da mãe é fundamental, disse ele.

Em 1961, Rogers estabeleceu as características da pessoa equilibrada:

1. Ela é aberta a todo tipo de experiências.
2. Ela é capaz de viver plenamente cada instante.
3. Ela prefere seguir os próprios instintos, em vez de agir como todo o mundo.
4. Ela mantém certa liberdade de pensamento e de ação (espontaneidade e flexibilidade).
5. Ela é bastante criativa.

A terapia rogeriana

Rogers desenvolveu uma forma de psicoterapia, a terapia centrada na pessoa (ou "centrada no cliente").

O princípio dessa terapia é que o cliente (e não um "paciente") é o único responsável pela própria evolução. Essa foi uma ruptura deliberada com as abordagens behaviorista e psicanalítica, mas também uma alternativa à medicina convencional em geral, na qual os pacientes passam por um "diagnóstico" feito por um "médico" (ou outro tipo de "especialista"), que prescreve um "tratamento". Na concepção de Rogers, em contrapartida, o terapeuta não é responsável pelas evoluções do cliente.

O conceito de eu

Rogers insistiu muito no conceito de eu (em inglês, *self concept*), que dividiu em três partes – **o eu ideal, a imagem de si mesmo e a opinião de si mesmo.**

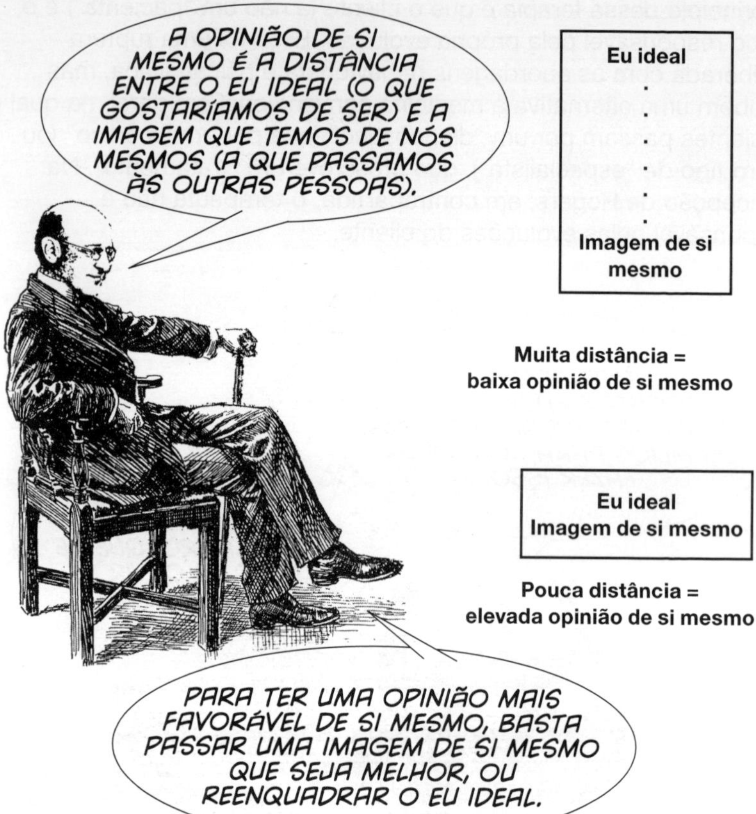

A abordagem rogeriana seduziu em especial o grande público, familiarizando-o com a psicoterapia e a noção de "progressos pessoais". Infelizmente, inúmeros charlatães tentaram se aproveitar dessa nova onda, pondo em risco os clientes. Quanto ao movimento humanista, ele não chegou a se transformar em "escola", pois não existem teoria científica nem pesquisas empíricas que o justifiquem.

Essa inexistência de estatuto foi um mal que também atacou as duas perspectivas que veremos a seguir.

5. A perspectiva psicofisiológica

A psicofisiologia (também chamada de neuropsicologia, quando ela se interessa pelas funções cerebrais) procura descrever e explicar o comportamento em função das reações **nervosas** e **químicas** que se produzem a cada instante no corpo, principalmente no cérebro.

Sem constituir uma escola propriamente dita, ela tem a tendência de adotar uma abordagem **reducionista**, ou seja, ela reduz o comportamento aos elementos neuronais e bioquímicos que o compõem. Para muitos neuropsicólogos, o que chamamos de "mente" e "consciência" é simplesmente a atividade do cérebro. Alguns (Hebb, Pribram) consideram inclusive que a psicologia é uma ciência biológica.
A psicofisiologia se esmerou em determinar qual o papel das diferentes partes do cérebro, a fim de poder chegar a uma **localização das funções cerebrais**.

O cérebro: visita guiada

1. A superfície também é chamada de córtex. Essa palavra latina, que significa “casca”, serviu para batizar a parte externa do cérebro, por causa das dobrinhas sinuosas que a caracterizam. O córtex representa cerca de 80% do cérebro. Eis um “mapa” dele.

Córtex do hemisfério esquerdo

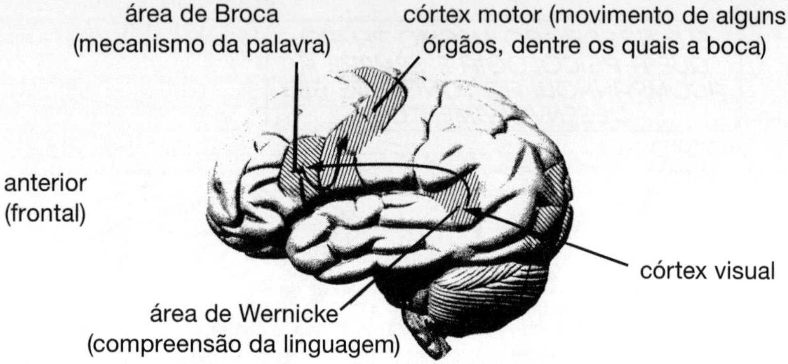

2. Eis agora um corte vertical e mediano da parte **interior** do cérebro, representando as estruturas funcionais principais.

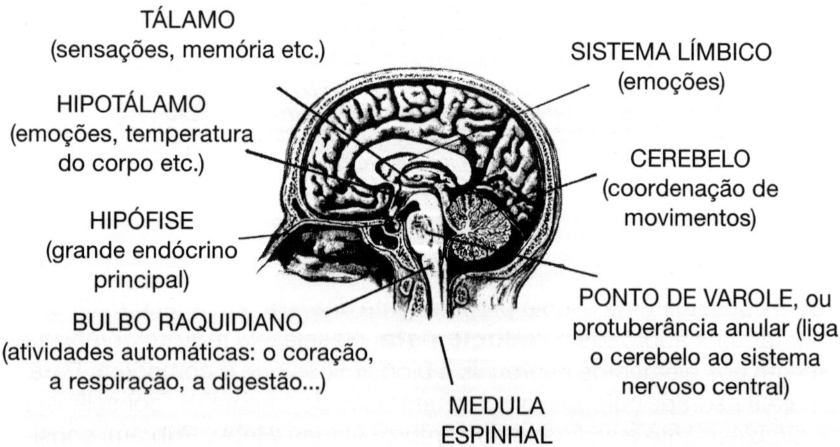

3. O cérebro é dividido em duas metades, dois **hemisférios** reunidos entre si por uma lâmina espessa de substância branca, o **corpo caloso** (ou comissura colossal). Em geral, cada hemisfério tem uma função bem determinada e precisa. O esquerdo controla a parte direita do corpo, e o direito controla a parte esquerda do corpo.

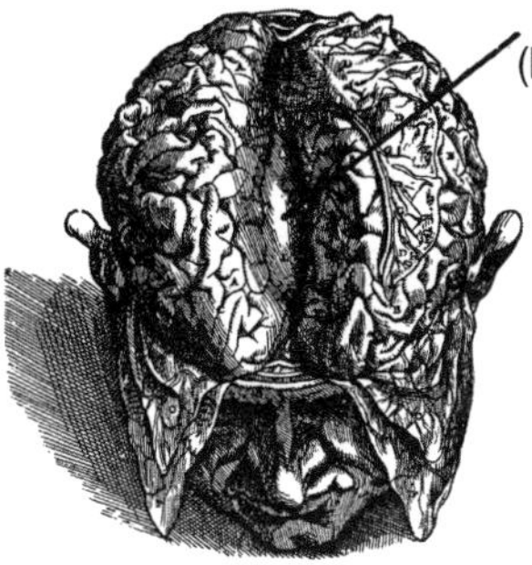

Também se observou que, em geral, o hemisfério esquerdo é que abriga as funções relativas à linguagem (compreender e produzir a palavra), enquanto o direito é responsável pela visão espacial e pela percepção das dimensões (desenhar, reconhecer formas, decifrar um mapa).

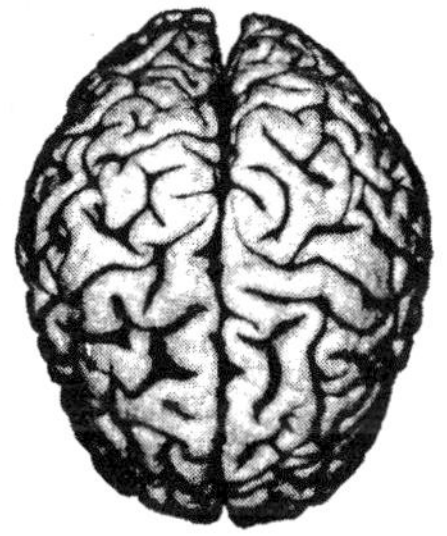

Contudo, alguns especialistas (em especial Betty Edwards, em *Drawing on the Right Side of the Brain*, 1979) notaram que temos tendência a usar menos o hemisfério direito e mais o esquerdo. Também existem diferenças inerentes ao sexo da pessoa. Por exemplo: relativamente à linguagem, por exemplo, o homem apresenta uma predominância do hemisfério esquerdo, enquanto na mulher os esquemas de funcionamento são simétricos e bilaterais (Kimura, 1987).

Uma experiência de desconexão calosa

Em 1964, Roger Sperry descobriu que os dois hemisférios são capazes de trabalhar independentemente um do outro, se seccionarmos o corpo caloso. As experiências de Sperry, no início feitas em animais, foram em seguida realizadas em pacientes epilépticos. Dessa forma ele esperava acabar com as cargas encefálicas bilaterais, responsáveis pelas "tempestades cerebrais" e convulsões. Mas se em alguns pacientes – nos quais os hemisférios foram efetivamente separados – as crises de epilepsia pareciam menos devastadoras, em outros se observava um comportamento ocasionalmente esquisito, como se a pessoa tivesse duas mentes independentes.

(Diga-se de passagem que essas manifestações não têm nada que ver com esquizofrenia. Mesmo que essa forma de psicose se caracterize pela coexistência de duas personalidades distintas, é mais sensato falar de personalidades múltiplas, ainda que isso seja mais raro.)

Medir a atividade cerebral

Apesar de podermos localizar certas atividades cerebrais, principalmente as funções motoras e sensoriais, não somos capazes de sistematizá-las. Um grande número de funções pressupõe a participação de várias zonas cerebrais. Estudos clínicos demonstraram que, em caso de lesão de uma ou mais regiões do encéfalo, outras regiões podem assumir o papel delas, garantindo a continuidade das funções.

O nível atual de pesquisas oferece várias técnicas não intrusivas para estudo do encéfalo. Uma delas, bem-sucedida, permite medir a atividade cerebral. Estamos falando do eletroencefalograma, ou EEG (iniciado por Hans Berger em 1929). Esse método pode ser utilizado com a pessoa consciente, sem qualquer problema.

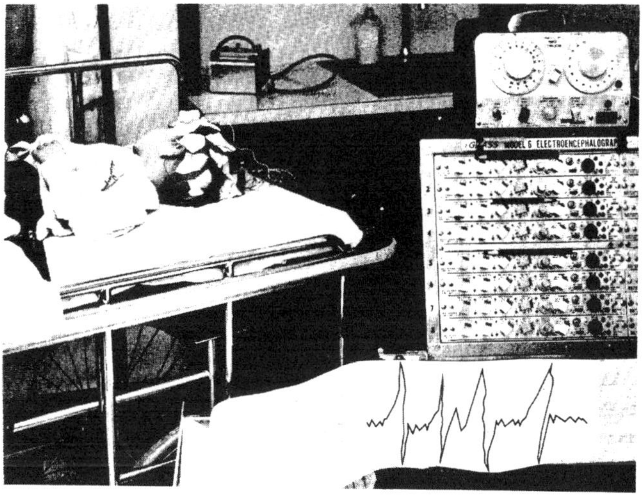

São colocados eletrodos sobre o couro cabeludo e assim é medida a atividade elétrica do córtex, além de se poder ampliá-lo e fazer ao mesmo tempo um desenho gráfico sobre uma folha de papel. Esse tipo de exame é muito utilizado, sobretudo para detectar a epilepsia, que se caracteriza por picos violentos.

Com exceção de alguns traçados evidentes (epilepsia, morte da pessoa), um EEG é algo difícil de ser lido. E as outras técnicas não intrusivas também não são mais fáceis.

Outros métodos de imagética médica

(a) A **angiografia** é basicamente um retrato de radiografia feito após se injetarem substâncias opacas no sangue. Ela se limita à observação dos vasos sanguíneos.

Mas, por outro lado, esse procedimento é bastante útil para tratar um tumor, um aneurisma etc.

(b) O **scan CAT**, ou tomografia axial transversal informatizada, surgiu nos anos 1970. É um procedimento radiográfico complexo, que permite fazer uma série de imagens anatômicas do crânio, de diferentes ângulos. O aparelho, que tem a forma circular, mais parece uma máquina de lavar roupa.

(c) O **PET**, ou tomografia por emissão de pósitrons, é bem recente, pois data dos anos 1980. O procedimento consiste em injetar glicose com baixa radioatividade no corpo da pessoa. Detectores permitem então criar uma imagem animada do cérebro. Dessa forma, podemos ver as reações do encéfalo, em função da atividade da pessoa quando ela fala, quando ouve música, quando desenha...

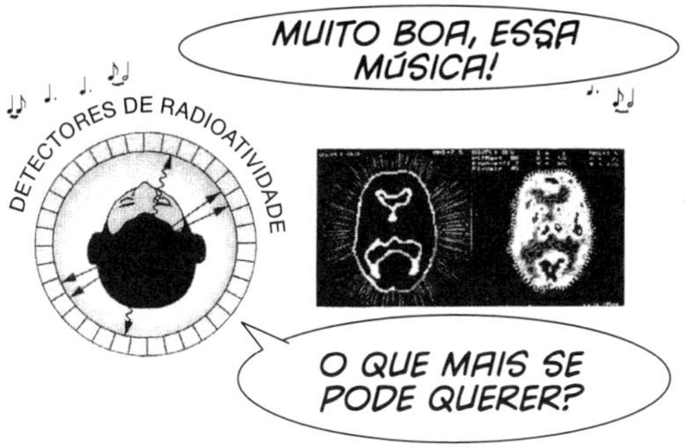

(d) O **IRM**, imagens por ressonância magnética (Schulman, 1983), não utiliza radiação. Ele se baseia no estímulo por onda de rádio de certos núcleos colocados em um campo magnético intenso. A pessoa fica deitada em um tubo e o aparelho gira em volta dela, detectando os efeitos sobre cada molécula do corpo.

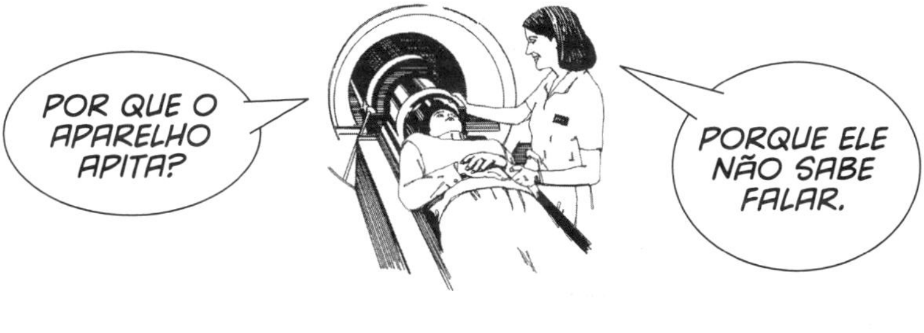

Todas essas técnicas só podem ser aplicadas em ambiente hospitalar, pois exigem aparelhos pesados, determinado tempo e são particularmente caras.

O sistema nervoso

Ele é composto de células nervosas, ou neurônios, que são ligados entre si por sinapses.

Os neurônios

O cérebro tem cerca de 15 bilhões de neurônios, e cada um deles pode estar ligado a centenas de outros.

Três tipos de neurônios são conhecidos:
neurônios sensitivos = recebem a informação
neurônios motores = transmitem a informação, por exemplo, aos músculos
interneurônios = ligam os dois tipos anteriores

Esquema de um neurônio:
soma (conjunto das células não reprodutoras) = de 5 a 10 micra (1/1.000 de mm)

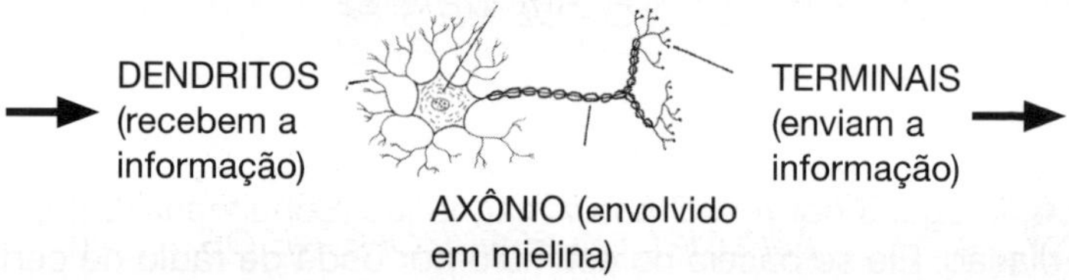

Em 1949, Donald Hebb estabeleceu a regra de modificação de conexões sinápticas, segundo a qual toda ação ou toda ideia é o resultado da atividade de um conjunto de neurônios ligados entre si. Quando um neurônio está ativo, ele envia uma mensagem, por meio do axônio, ao neurônio seguinte.

Sinapses

Na ponta de cada axônio existe um espaço estreito, a **sinapse**, no qual os mediadores químicos, os **neurotransmissores**, passam ao neurônio seguinte.

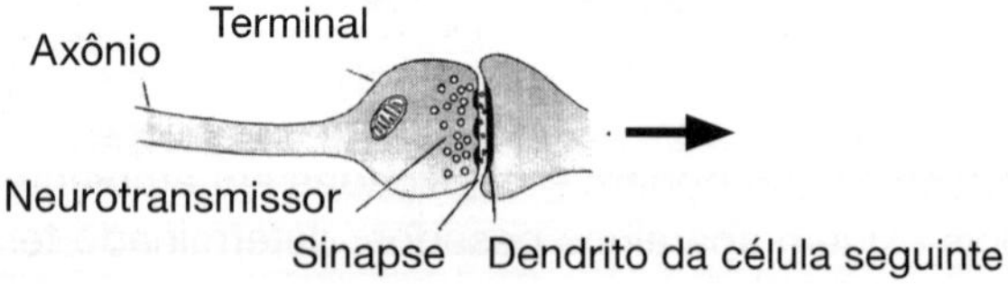

Essa conexão entre neurônios funciona como um interruptor. Cada neurônio é ativado pelo precedente, e dessa forma desencadeia toda uma reação em cadeia. Assim como é possível ativar os neurônios, às vezes também é preciso inibi-los. Por isso é que existem diferentes tipos de neurotransmissores.

Os neurotransmissores

Dentre esses mediadores químicos, distinguimos três principais:

1. A **acetilcolina** (ACh) é uma substância dinamógena que atua sobre a memória.

2. A **dopamina** entra em ação no movimento, na atenção e no aprendizado. As pessoas que sofrem do mal de Parkinson têm falta de dopamina, o que provoca tremores, perda de equilíbrio etc. Pode-se administrar Levodopa, ou L-Dopa, para aumentar a produção de dopamina.

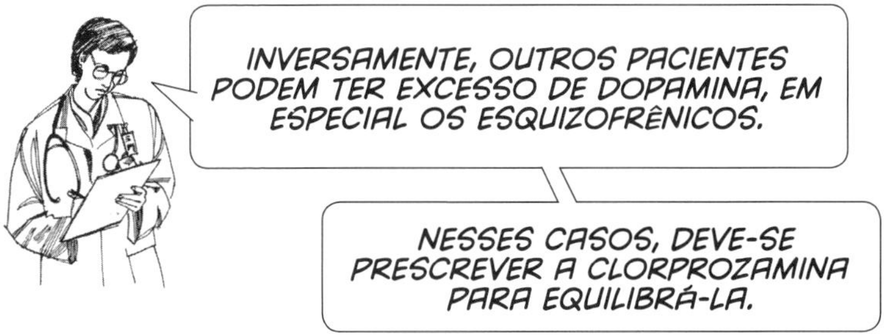

3. A **serotonina** (5 HT) é um inibidor que entra em cena na excitação sexual, no sono (por exemplo, inibindo os sonhos), nos humores (ela atua em estados depressivos), no apetite e na sensibilidade.

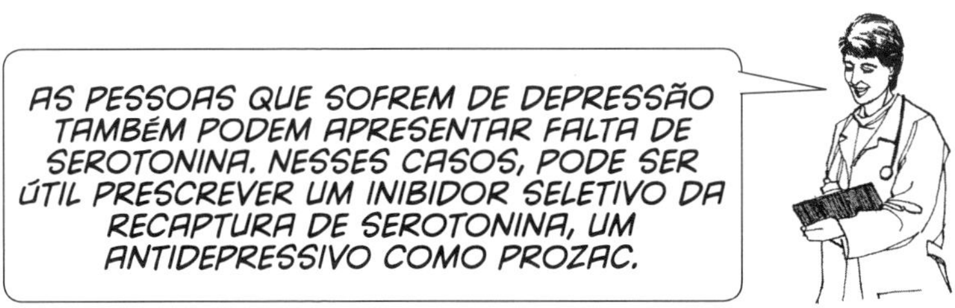

Dentre os demais neurotransmissores primários podemos citar o glutamato (ou ácido glutâmico), a transaminase e a glicina.
Mas por mais complexo que o sistema nervoso possa ser, ele não faz tudo sozinho. Nosso corpo é equipado de outro grande sistema de comunicação que também é importante.

O sistema endócrino

O sistema nervoso age rapidamente – alguns centésimos de segundos –, de modo que possamos dar uma resposta imediata. O sistema endócrino é um pouco mais lento – de alguns segundos a vários minutos –, mas seus efeitos sobre o comportamento são duráveis.

O sistema endócrino (do grego *endon*, dentro, e *krinein*, secretar) é composto de diferentes glândulas endócrinas que secretam substâncias químicas particulares, os **hormônios**, que elas liberam dentro do sangue. Elas agem sobre outras glândulas e sobre todo o organismo.

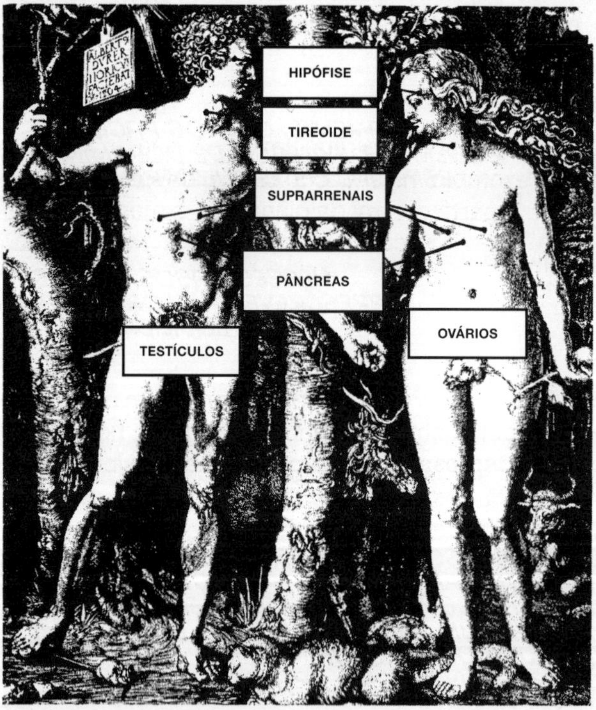

Os psicólogos se interessam particularmente pela hipófise, pelas suprarrenais e pelas gônadas. A tireoide e o pâncreas intervêm mais sobre o processo digestivo (apesar de que, quando não funcionam direito, isso pode afetar o psiquismo).

As glândulas

A hipófise é a glândula principal, pois ela controla as outras. Por exemplo, em uma situação de estresse, o hipotálamo (situado na base do encéfalo, ele liga o sistema nervoso e o sistema endócrino) envia mensagens à hipófise, que vai então secretar ACTH (hormônio adrenocorticotrófico), que passa pelo sangue e atinge as glândulas suprarrenais (e outras).

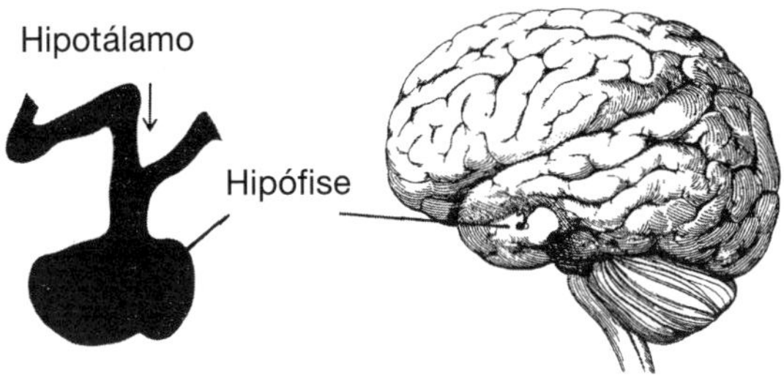

As **glândulas suprarrenais** regulam o estresse, o humor e a energia da pessoa. Por exemplo, na situação citada anteriormente, quando recebe o ACTH, a parte central da glândula – a medula suprarrenal – secreta adrenalina. Esse hormônio, que prepara o corpo para reagir em situação de urgência, acelera o ritmo cardíaco, aumenta a transpiração etc.

O estado psicológico também varia em função dos hormônios secretados pelas **glândulas sexuais**.

As glândulas sexuais

Os testículos secretam um esteróide anabolizante, a testosterona. Dizemos que ela é anabolizante porque favorece o anabolismo, portanto, a assimilação. Ela também aumenta a massa muscular e elimina as gorduras. A testosterona é produzida de modo relativamente constante e foi reconhecida (em especial por Hutt, em 1972) como um elemento da agressividade.

Esse caráter agressivo do macho é frequente em inúmeras espécies, dentre as quais a humana, e em todas as faixas etárias. A exceção são alguns insetos, como a *Mantis religiosa* (ou louva-a-deus) ou a viúva-negra, sem falar das mulheres grávidas, que secretam testosterona durante a gravidez.

Por isso não é surpreendente que se tenha tentado ver nesse hormônio a causa inata das diferenças entre os sexos. Por exemplo, a maioria dos crimes violentos é cometida por homens. Alguns psicólogos consideraram essa explicação abusiva, denunciando as pesquisas que procuraram estabelecer uma correlação entre testosterona e agressividade (Maccoby e Jacklin, 1974).

Os **ovários** produzem estrógenos e a progesterona.

Os **estrógenos** são esteróides catabólicos. Catabólicos porque eles constituem a parte destruidora do metabolismo, diminuem a massa muscular e favorecem o acúmulo de gorduras. Eles também provocam a retenção de líquidos, o que leva ao aumento de peso, em certos períodos do mês.

A **progesterona** é o hormônio que prepara a mulher para a gravidez e a parede da mucosa uterina para abrigar o óvulo fecundado.

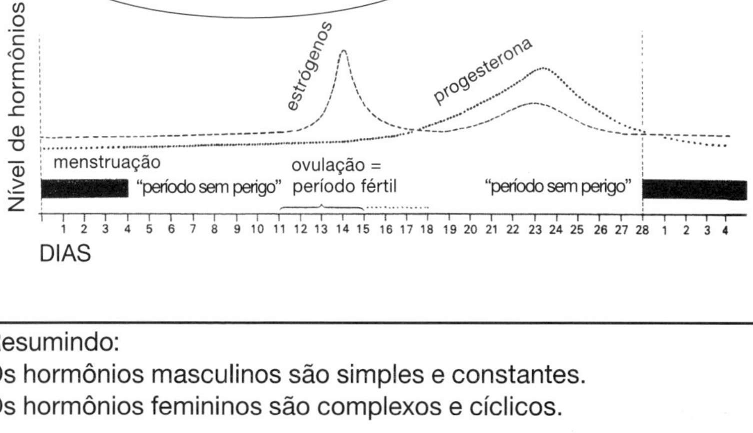

Resumindo:
Os hormônios masculinos são simples e constantes.
Os hormônios femininos são complexos e cíclicos.

Breve aula de genética

Cada célula do corpo contém ADN (ácido desoxirribonucleico, em inglês, DNA), que contém por sua vez as informações necessárias para a fabricação de um organismo completo.

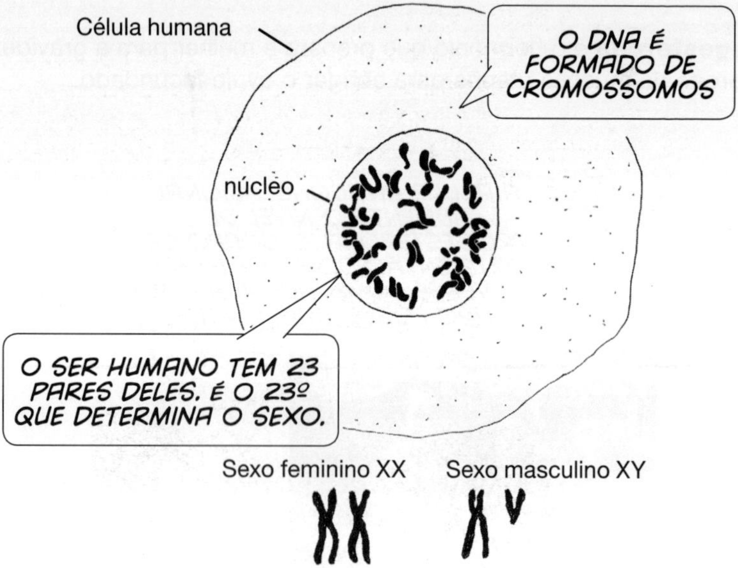

Cada cromossomo é composto de centenas de genes – unidade biológica que possibilita a manifestação e a transmissão dos caracteres hereditários – que os pais transmitem à sua progenitura quando da concepção.

O DNA de uma célula humana tem aproximadamente 100.000 genes.

Há poucos anos foi desenvolvido vasto projeto, em escala internacional, reunindo todas as descobertas científicas mundiais, com o objetivo de estabelecer o mapa do genoma humano. A partir de então foi possível saber muito mais sobre certas doenças genéticas, como a distrofia muscular de Duchenne, a doença de Huntington etc.

A genética na psicologia

Se algumas características, como a cor dos olhos, são resultado de genes individuais, a maioria das características físicas parece ser resultado da participação do conjunto dos genes.
Em contrapartida, o comportamento não parece ser devido à ação de um gene particular.

A pesquisa animal forneceu a prova de que é possível orientar o gado em determinada direção, para obter diferenças de comportamento – inteligência, afeição, agressão etc. Assim, ao menos em teoria, o mesmo modelo poderia ser aplicado ao ser humano. Mas quais seriam as implicações, se isso desse certo? Quais considerações deontológicas teríamos de levar em conta?
O debate entre inato e adquirido também está longe de estar encerrado. Em qual medida o patrimônio genético determina o comportamento do indivíduo? Hoje em dia, o interacionismo recusa esse debate, considerando que os dois elementos são essenciais e inseparáveis. Para estudar as diferenças entre indivíduos que dispõem de um mesmo patrimônio genético, a pesquisa tem o exemplo ideal: os gêmeos.

Genética e gemelidade

Graças ao método de correlações, foi possível fazer pesquisas com gêmeos idênticos, criados separadamente. O estudo das diferenças entre eles, no nível da inteligência ou da personalidade, tinha o objetivo de determinar a importância dos genes.

Dessa forma, recorrendo a testes de QI, pesquisadores americanos e ingleses descobriram uma correlação positiva (superior a 0,6), no que diz respeito à inteligência (Newman, 1928; Shields, 1962).
Alguns psicólogos usaram esses resultados para defender a tese de que a inteligência é um caráter amplamente hereditário. Assim, Hans Eysenck não hesitou em declarar que cerca de 80% da variabilidade é inata.

Inversamente, outros não concordaram com esses estudos por considerarem que eles não eram nem fiéis nem válidos, além de só poderem ser feitos em pequena escala. Sem falar que, apesar de viverem separados, os gêmeos tinham todos sido criados em ambientes semelhantes. Em 1974, Kamin observou que dentre os gêmeos utilizados por Newman dois moravam na mesma cidade e dois outros estudavam na mesma escola.

O ambiente é justamente o ponto central da última perspectiva.

6. A perspectiva sociocultural

Todo comportamento sofre influência do ambiente no qual se manifesta. Por ambiente, entende-se a família, a classe social, a casta, a tribo, a religião, o país e a cultura. A importância do modo como somos educados e do nosso modo de vida é tamanha que por vezes nos esquecemos que as diferenças, relativamente às outras pessoas, podem ser consideráveis. Não só com gente de outros países ou culturas, mas com o vizinho da porta ao lado!
Essa abordagem retoma vários conceitos da sociologia e da antropologia, como a socialização, que designa a assimilação das normas e das regras de uma sociedade.
A psicologia comparada, que veremos mais adiante, também tem muito a nos ensinar.

A abordagem sociocultural se propõe a estudar as diferenças e as semelhanças entre um grupo e outro...

O que é cultura?

Definir cultura é um belo problema. Para simplificar, podemos dizer que ela agrupa "tudo o que o ser humano aporta a seu ambiente". De acordo com esse ponto de vista, podemos dividi-la em duas partes: objetiva (os meios de transporte, os procedimentos de fabricação e todas as tecnologias) e subjetiva (crenças, valores etc.).

O termo "cultura" também pode designar um conjunto de países. Assim, por exemplo, a "cultura ocidental" diz respeito à Europa e aos países por ela colonizados (pelo menos a maioria deles). Mas isso é só uma ideia aproximada, que deixa de fora países como o Japão, ou regiões como Hong Kong, além de desconsiderar diferenças que existem dentro do próprio grupo.

A análise cultural

Hofstede e Triandis analisaram as diferenças entre culturas.

Em 1980, **Hofstsede** definiu quatro dimensões culturais:

1. Distância do poder
- o respeito à hierarquia e a deferência para com superiores.

2. Eliminação da incerteza
- a necessidade de previsão, a procura de estabilidade.

3. Individualismo e coletivismo
- a identidade pessoal *versus* o pertencimento ao grupo. Por exemplo: Ocidente = maior individualismo; Oriente = maior coletivismo

4. Masculinidade e feminilidade
- o desejo de atingir objetivos ("traço masculino") *versus* a busca da harmonia interpessoal ("traço feminino").

Exemplo: De acordo com essa perspectiva, o Japão funciona mais segundo o modelo masculino. A Suécia, segundo um modelo feminino.

Em 1990, foi a vez de Triandis expor o que chamou de as três principais síndromes culturais:

1. Complexidade cultural
- a importância acordada quanto ao tempo e à religião.

2. Individualismo *versus* coletivismo
- retoma a concepção de Hofstede.

3. Austeridade *versus* relaxamento
- a obrigação de se conformar à norma ou a possibilidade de se afastar dela.

Exemplo: O Japão seria mais afeito às normas do que a Tailândia, Hong Kong ou Singapura.

Por que existem tantas diferenças de uma cultura para outra? Isso é um problema...

O etnocentrismo

Designamos por esse termo a tendência de considerar como "naturais e corretas" as normas e valores de seu próprio grupo social. A história está cheia de exemplos que ilustram os perigos dessa lógica, quando ela é levada ao extremo. Quantas vezes os nacionalismos de todos os tipos geraram ódio e perseguições? Infelizmente, a humanidade só pode lamentar que essa lição não tenha sido aprendida e que o século XXI dê a cada dia provas renovadas dessa vergonha.
E mesmo que não seja tão grave quanto o anterior, o etnocentrismo intelectual persiste em muitos setores universitários.

Para piorar as coisas, a maioria dos participantes aos quais os pesquisadores normalmente recorrem é formada de estudantes de cerca de vinte anos, mais preocupados com conseguir o próprio diploma.

O etnocentrismo funciona como o racismo, o sexismo ou qualquer outra forma de preconceito.

Mas uma mulher se destacou, ao fazer um estudo intercultural que ficou famoso.

Os estudos interculturais de Margaret Mead

Em uma obra de 1935, *Sex and Temperament in Three Primitive Societies*, **Margaret Mead** (1901-1978) se debruçou sobre o caso de três tribos da Nova Guiné.
Os **arapesh** são descritos como calmos e agradáveis. Homens e mulheres não demonstram nenhuma agressividade e são particularmente ternos e afetuosos com os filhos.
Os **mundugumor**, em contrapartida, são violentos e agressivos: tanto as mulheres quanto os homens, que pouco se interessam pelos filhos.
Os **tchambuli** são o caso mais curioso dos três, pois os homens demonstram ser muito submissos às mulheres, e bastante passivos.

Esse exemplo de inversão de papéis entre os tchambuli (como Mead constatou) costuma ser citado como prova do relativismo cultural, que se opõe à ideia de que o papel do homem e da mulher é determinado pelas diferenças inatas entre os sexos.
Houve quem condenasse Margaret Mead por ela ser subjetiva em sua metodologia e por ter interferido sobre os participantes, pois ela vivia em contato com as tribos cujo comportamento observava. Além disso, outras influências (patrimônio genético, hábitos alimentares) também poderiam ser consideradas, e nós ignoramos quais. Mas essas tribos são meramente uma fração mínima da população mundial, e seu exemplo mostra a importância – além do papel dos dois sexos – do relativismo cultural.

Nós revisamos as seis grandes perspectivas teóricas. Mas é importante saber que enquanto objeto de estudo a psicologia pode ser dividida principalmente em quatro ramos, que discutiremos nas próximas páginas: a psicologia do desenvolvimento, a psicologia social, a psicologia comparada e a psicologia diferencial.

A psicologia do desenvolvimento

Entende-se por "desenvolvimento" todas as modificações do comportamento que acontecem depois do nascimento. Ou seja, o interesse principal, aqui, são as crianças. Mas não podemos esquecer que o desenvolvimento é um processo contínuo relativo a cada idade, da adolescência à velhice. O grande nome ligado a essa abordagem é Piaget e, com muito menos relevância, Bowlby.

Jean Piaget (1896-1980) estudou o desenvolvimento cognitivo. Ele demonstrou, em especial, que a criança não é só um ser humano que ainda não chegou à idade adulta, mas sim uma pessoa por inteiro, que pensa de um modo diferente do adulto. Ele elaborou outras quatro teorias, complementares a essa principal.

1. A teoria dos estágios

Existem quatro etapas do desenvolvimento cognitivo.

(a) O estágio sensor-motriz (de 0 a 2 anos):
a criança toma consciência do ambiente que a cerca e tenta atuar sobre ele. Para isso, ela usa os cinco sentidos e suas capacidades motoras. É graças à repetição de movimentos que ela aprende.

Por volta dos oito meses as funções intelectuais da criança dão um salto importante, pois ela toma consciência da **permanência dos objetos**. Ela sabe que eles continuam a existir mesmo quando já não os vê, enquanto um bebê mais novo reage como se os objetos desaparecessem quando não estivesse olhando para eles.

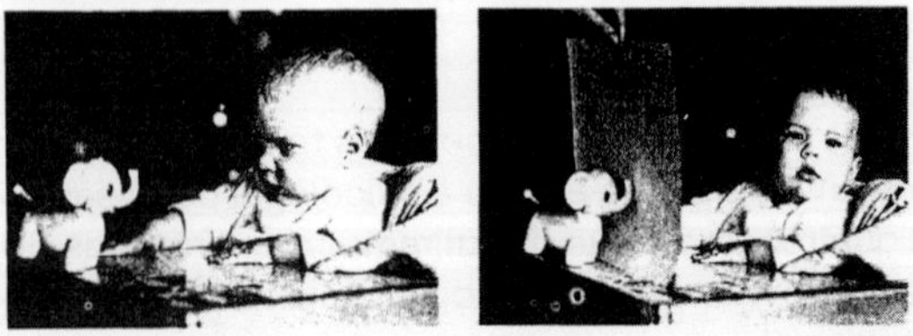

(b) O estágio pré-operatório (de 2 a 7 anos):
antes de ser capaz de efetuar verdadeiras operações intelectuais (o que vai acontecer na etapa seguinte), a criança aprende a usar a função simbólica, à qual pertence a linguagem. Nessa fase ela também acaba entendendo que as outras pessoas podem ter uma visão diferente da dela.

(c) O estágio das operações concretas (de 7 a 11 anos):
a criança consegue cumprir certas operações intelectuais, operações, por meio das noções de "conservação" que ela constrói progressivamente, mas só consegue fazer isso com as coisas visíveis, ou seja, concretas.

Experiência da conservação do número
Mostramos seis maçãs a uma criança, separadas em duas fileiras idênticas. Em seguida, sob o olhar da criança, afastamos as frutas de uma das fileiras.

Resultado: a criança ainda não adquiriu a noção de conservação do número. Ela não entende que o número permanece o mesmo, ainda que a disposição seja diferente. Só a partir dos seis anos é que essa noção se manifesta. Mas para os pesos e volumes ainda é preciso esperar um pouco mais.

(c) O estágio das operações concretas (continuação)

Experiência da conservação do peso

1. Apresentamos duas bolas de massa à criança, cada uma de tamanho diferente.
2. Remodelamos uma das bolas, dando a ela o formato de uma baguete.
3. Perguntamos à criança

Experiência de conservação do volume

1. Mostramos à criança dois recipientes, um grande e estreito, o outro pequeno e largo.
2. Derramamos dentro do recipiente grande a mesma quantidade de líquido contido no recipiente pequeno.
3. Perguntamos à criança.

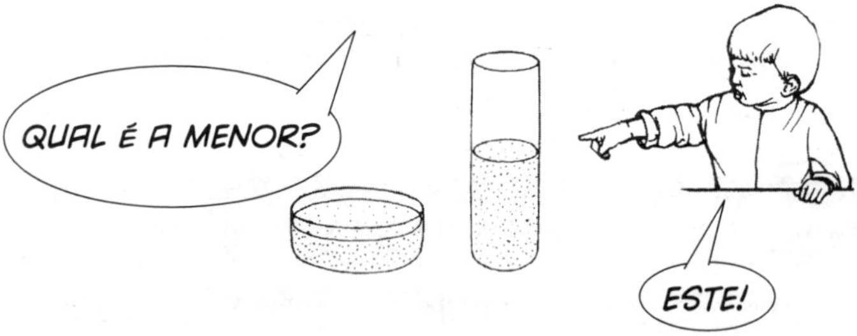

Resultado: antes dos 9 anos a criança não tem a noção de conservação de peso e de volume. Ela não compreende que os valores continuam os mesmos, apesar de a forma ser modificada. Só quando atinge o estágio das operações concretas é que ela desenvolve essas noções de conservação, e pode então passar à última etapa.

(d) Estágio das operações formais (a partir dos 11 anos): é a idade do pensamento lógico e abstrato. A criança é capaz de raciocinar dentro da esfera do possível.

Experiência do pêndulo

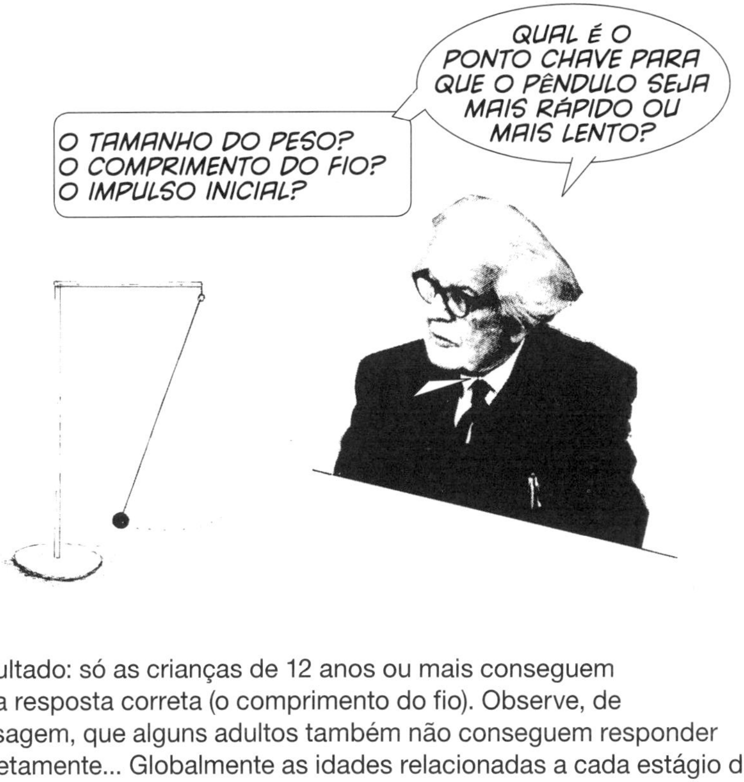

Resultado: só as crianças de 12 anos ou mais conseguem dar a resposta correta (o comprimento do fio). Observe, de passagem, que alguns adultos também não conseguem responder corretamente... Globalmente as idades relacionadas a cada estágio de desenvolvimento são simples indicações. O que conta é a ordem das etapas. Alguns críticos recriminaram Piaget por ele ter uma abordagem demasiado pessimista e declamaram que as crianças conseguem resolver os problemas indicados muito mais cedo, se esses problemas forem apresentados de forma mais atraente. Por exemplo: em 1974, McGarrigle e Donaldson recorreram ao pretexto do "ursinho de pelúcia levado", que tirava as coisas do lugar. Se a teoria das etapas é fácil de entender, o que vem depois já não é tanto.

2. A teoria dos esquemas

Piaget bolou um jeito de explicar como todos nós, em todas as fases da vida, desenvolvemos conceitos elaborando ideias complexas com base em ideias simples. Podemos definir esse esquema como um tipo de fluido do processo, uma "ação mental".

Os esquemas se desenvolvem segundo dois mecanismos:

(a) **Assimilação** (fenômeno do início biológico), segundo a qual o indivíduo "integra" o que está no ambiente que o cerca. Por exemplo: o esquema precoce "pegar" permite que um bebê agarre pequenos objetos.

(b) **Acomodação** (fenômeno também biológico), graças à qual o indivíduo "transforma" as estruturas, de acordo com mudanças ocorridas no ambiente que o cerca. Assim, o esquema "pegar" se modifica, segundo o tamanho, a forma e o peso dos objetos.

Esses dois mecanismos só se referem a bebês.

Os esquemas do adulto

(a) **Reconhecimento** procede essencialmente da assimilação.
O indivíduo integra o que o cerca, toma consciência da perenidade de certas coisas e tenta adquirir conforto e segurança.
EU ADORO MINHA CAMA, MEU ARMÁRIO, MEU URSINHO...

(b) **Aprendizado,** em contrapartida, diz mais respeito à acomodação.
O indivíduo acrescenta novas informações e melhora assim a natureza de seus conhecimentos.

Os exemplos acima nos permitem chegar à conclusão de que nossa vida diária é feita permanentemente de reconhecimento (as coisas existentes) e de aprendizado (as coisas novas). Se tudo fosse só reconhecimento, ou seja, se as coisas permanecessem sempre as mesmas, a vida seria terrivelmente aborrecida. Mas se, ao contrário, tudo não passasse de um aprendizado eterno, ficaríamos perdidos!
Nosso ambiente está sempre em perpétua evolução.
Temos certa facilidade de adaptação, mas é graças à assimilação e à acomodação que desenvolvemos os esquemas necessários para conseguir nos adaptar. E na teoria da qual falaremos a seguir, o elemento adaptação é bem importante.

3. A teoria da brincadeira

Em 1951, Piaget constatou que a brincadeira faz a assimilação intervir significativamente, pois a criança tenta enquadrar a realidade com suas próprias necessidades e experiências.

Em contrapartida, a **imitação** está mais ligada à **acomodação**, pois a criança calca seu comportamento no de outra pessoa.

Piaget insistiu no fato de a única coisa que a criança procura na brincadeira ser o prazer que ela sente se divertindo. Ela age de modo repetitivo, não está preocupada nem em aprender nem em descobrir. Existem três etapas na brincadeira, que correspondem aos três estágios do desenvolvimento cognitivo...

(a) A brincadeira funcional, que é uma brincadeira sensora-motriz, pois a criança se limita a repetir reflexos.

(b) A brincadeira simbólica, que consiste em "fazer de conta", e que apela para a imaginação, a personificação e a utilização de símbolos.

Claro que a própria linguagem é uma forma de simbolismo e constitui um aspecto crucial desse estágio.

(c) A brincadeira de regras, na qual, como o nome indica, a criança estabelece regras que dão o quadro formal à brincadeira e que muitas vezes o dominam...

Essa capacidade de utilizar regras é importante, pois permite que a criança diferencie o que é certo do que não é.

4. A teoria moral

Piaget observou que as crianças de menos de 9 anos definem em geral o que é "certo" utilizando regras que outras pessoas ensinaram a elas. Para utilizar a expressão de Piaget, elas são heterônomas (do grego *heteros*, "outro"). Mais tarde, quando conseguem decidir sozinhas, tornam-se autônomas (*autos* = "si mesmo"). Em geral, as crianças pequenas são mais sensíveis ao resultado de uma ação do que à intenção que motivou essa ação. Para ilustrar esse fenômeno, Piaget pediu a crianças que dessem sua opinião sobre um caso bem simples.

Criança 1 intencionalmente derrama um pouco de leite no tapete, enquanto criança de 2 involuntariamente derrama uma grande quantidade de leite no tapete. Que criança é desobediente?

Na esfera da educação, as teorias de Piaget fizeram um sucesso enorme, particularmente na Europa. Como o crescimento de uma criança sempre tem um ritmo diferente, de uma para outra, nem sempre é possível aprender certas atitudes cognitivas essenciais (como a conservação do número). Por isso, é função do educador fornecer um quadro que estimule a criança a atividades que acelerem o desenvolvimento e o aprendizado da descoberta.

Bowlby

John Bowlby (1907-1990) dedicou a maior parte de suas pesquisas ao desenvolvimento emocional. Ele ficou famoso depois que a OMS (Organização Mundial da Saúde) publicou, em 1951, a monografia intitulada *Cuidados maternos e saúde mental.*

Em 1944, Bowlby estabeleceu uma correlação positiva entre a delinquência juvenil e a depressão analítica (perturbações de criança separada da mãe depois de ter passado os primeiros meses de vida com ela). Sua (comovente) conclusão foi que as mães deveriam ficar em casa com os filhos.
Esse argumento foi retomado por certos governos, interessados em convencer as mães a não procurar trabalho – um estratagema bem útil, no início dos anos 1950, quando foi necessário reintegrar à vida ativa todos os militares recém-desmobilizados (após a Segunda Guerra Mundial).
Bowlby também afirmou – o que é bem controverso – que as crianças só desenvolvem uma única ligação afetiva forte, quase sempre com a mãe, ligação essa chamada de **monotropia**. Dessa época em diante, todos os que trabalharam o assunto ficaram forçosamente a favor de Bowlby ou **contra** ele...

"A favor de Bowlby"

(1) Vários psiquiatras americanos, H. M. Skeels e R. A. Spitz, em especial, observaram em órfãos privados muito precocemente de amor e afeição uma tendência à apatia e a se voltar sobre si mesmo. (2) Em 1959, Harry Harlow (1905-1981) constatou que pequenos macacos-rhesus, quando postos diante de duas "mães" artificiais, uma feita de tecido, a outra de arame, tendiam a se ligar mais à primeira do que à segunda – a única que podia dar leite a eles.

Além disso, em 1962 Harlow constatou ainda que os macacos privados de mãe natural tornavam-se irritadiços quando cresciam. Eles manifestavam distúrbios sexuais frequentes e revelavam-se pouco aptos a criar os próprios filhotes.

"Contra Bowlby"

(1) Em 1951, Anna Freud (1895-1982) e Sophie Dann publicaram um estudo de caso sobre um grupo de seis órfãos, todos de cerca de três anos de idade, salvos de um campo de concentração após a Segunda Guerra Mundial. Já na Inglaterra, eles foram levados ao centro de refugiados de Bulldog's Bank, onde tiveram um comportamento extremamente agressivo.

Mas parece que eles conseguiram, mais tarde, vencer o trauma psicológico ficando muito unidos. Ao que consta, voltaram a ter um comportamento social normal três anos depois. Mas ninguém pôde observar os efeitos no longo prazo.

(2) Estudos interculturais demonstraram que as crianças desenvolvem naturalmente uma empatia com certas pessoas. Assim, em 1967, Mary Ainsworth (1913-1999) constatou esse fenômeno na tribo ganda que ela estudou em Uganda, África. Esses dois exemplos contradizem a tese monotrópica de Bowlby. Em quem acreditar, então?

Conclusão sobre Bowlby

Para Michael Rutter, Bowlby não estava nem certo nem errado. Graças a pesquisas feitas na ilha de Wight em 1972, Rutter pôde estabelecer uma correlação positiva entre as perturbações familiares e a delinquência juvenil, corroborando assim as teses de Bowlby. Mas, por outro lado, ele considerou a tese da separação maternal vaga demais e sugeriu, a esse respeito, distinguir **ausência** (a mãe morreu ou abandonou a criança) de **carência** (ela vive com a criança, mas não lhe dá muita afeição).

Rutter também estava convencido de que outros fatores essenciais devem ser considerados – um divórcio, por exemplo, pode ser menos prejudicial do que o estresse resultante. Aliás, foi isso que Marvin Hetherington e outros pesquisadores estabeleceram em 1978: a crise que os pais atravessam durante um divórcio pode afetar os filhos e provocar neles um sentimento de raiva ou de culpa, chegando até a causar depressão.

A psicologia social

A psicologia social estuda:

As relações com as demais pessoas (a percepção que temos dos outros, a atração sexual).
A personalidade (diferentes tipos, *self concept*, atitudes).
O comportamento em grupo (conformidade, obediência).

Claro que as relações com as demais pessoas dependem enormemente de mecanismos relacionais formados durante a infância e a adolescência. Mas, aqui, o único objeto de interesse é a percepção que temos dos outros e a atração sexual.

(1) A percepção que temos dos outros depende muitas vezes das características essenciais que atribuímos a eles. Asch, em 1946, e Kelley, em 1950, constataram que o que procuramos no outro são características centrais que nos permitem ter uma impressão geral. Por exemplo: consideramos uma pessoa "calorosa" quando ela é generosa, divertida, sociável. Se ela for o contrário disso, diremos que ela é "fria".

Quando generalizamos essas características centrais, ocorre o chamado **efeito de halo**.

Da mesma forma, quando temos uma visão negativa de alguém, ela será imediatamente considerada antipática, mesmo que não tenha feito nada!

O **efeito de primazia** e o **efeito de recência** são dois fenômenos que acontecem sempre que determinada informação nos permite fazer ou modificar o julgamento sobre certa pessoa. O efeito de primazia, segundo o qual "a primeira impressão é a que fica", acontece nos primeiros segundos depois que ficamos conhecendo alguém, e depende do rosto dessa pessoa, do seu jeito, da maneira como age, de como fala, de como se veste.

Luchins demonstrou em 1957 que classificamos uma pessoa como "introvertida" ou "extrovertida" de acordo com a primeira informação que obtemos dela, mesmo que em seguida essa informação seja contrariada.

(2) Atração sexual
Sentir uma atração ou repulsa por alguém é resultado de vários processos.

(a) Compatibilidade: quem se parece, se junta! Temos tendência a preferir as pessoas mais parecidas conosco, aquelas que mais nos correspondem, isso é verdade para o aspecto físico (Murstein, 1972), mas também para outros fatores, como a educação, o QI (Hatfield, 1978), a cultura ou a religião (Newcomb, 1961). Mas também pode acontecer de os extremos se atraírem, e que pessoas diferentes em tudo acabem se juntando (**"os opostos se atraem"**, Winch, 1975).

(b) Equidade e esforço: o que oferecemos e o que esperamos obter em troca. Atenção, afeto, confiança, segurança, compartilhamento, talentos, informação, *status*, dinheiro, energia, reprodução, sexo... Alguns psicólogos (Blau, 1964; Homans, 1974; Berscheidt e Walster, 1978) não hesitaram em fazer um balanço contábil das relações humanas.

Lucro = Resultado – Custo

Afinal, não costumamos falar em investir em uma relação? De fazer certas concessões, com o objetivo de realizar nossas expectativas ("eu queria que ele fosse bonito/rico/famoso")?

(c) Fatores específicos: A atração física tem um papel fundamental no início, sobretudo para os homens (Walster, 1966). A familiaridade e o contato facilitam a aproximação (Festinger, 1950; Zajon, 1971, 1974). As campanhas de publicidade e as eleitorais aplicam esse princípio com uma regularidade notável.
A reciprocidade é desejável – entendemo-nos forçosamente melhor com pessoas que acreditamos gostar de nós (Aronson, 1976).

As atitudes

Esta é a chave de toda a psicologia social, mas o que mais interessa aos pesquisadores é como se controlam e mudam nossas atitudes por meio de fenômenos sociais como a propaganda em tempos de guerra, as campanhas políticas ou de mídia, os temas sensíveis de saúde e segurança, e – claro! – por meio da publicidade.

> A atitude leva em conta três aspectos:
> **1. Cognitivo** – as convicções (factuais e neutras): "Fumar provoca câncer."
> **2. Afetivo** – os sentimentos, as emoções: "Eu detesto a fumaça de cigarro."
> **3. Comportamental** – as decisões tomadas em consequência: "Eu não frequento locais onde se fuma."

Assim, é possível modificar a atitude trabalhando cada um dos três aspectos acima, em particular o registro emocional (Janis & Feshbach, 1953). Evidentemente, a enquete é a melhor ferramenta para saber "qual a atitude coletiva diante de...". Uma das formas de questionário mais utilizadas foi estabelecida considerando-se as escalas de Thurstone (1929) e Likert (1932).

Exemplo: Qual sua atitude em relação ao cigarro?

Assinale uma única opção por linha.

	Totalmente de acordo	Relativamente de acordo	Sem opinião	Relativamente não de acordo	Nem um pouco de acordo
"Fumar provoca câncer."					
"Detesto a fumaça de cigarro."					
"Não frequento locais onde se fuma."					

Os **preconceitos**, apesar da conotação negativa do termo, podem ser considerados como sendo uma resposta condicionada a um perigo potencial que se deseja evitar. Por exemplo: se passarmos mal depois de jantar em um restaurante japonês, no futuro evitaremos tudo o que for parecido com sushi. Infelizmente, os preconceitos são no mais das vezes a manifestação de um comportamento irracional e antissocial, como o racismo (Benson, 1976), o sexismo, o etaísmo (discriminação etária) e o especismo (discriminação de espécie). Eles se formam com muita facilidade, basta um boato do tipo "as pessoas que têm os olhos castanhos são melhores do que as pessoas de olhos azuis", como bem demonstrou Jane Elliot (1977). Todavia, é possível **diminuir os preconceitos** (i) mantendo um relacionamento no qual não exista nem competição nem rivalidade com uma pessoa de estatuto equivalente, e (ii) trabalhando juntos na realização de um objetivo ou projeto comum (Brown, 1986).

Comportamento de grupo

Primeiro, é preciso distinguir a **adaptação** (frente à influência exercida por um grupo) da **obediência** (instruções dadas por alguém).

A adaptação (ou conformidade)

Em 1951, Asch descobriu que para um pequeno grupo de pessoas é possível levar uma pessoa a defender uma posição que ela considera ser falsa. Foi feita uma experiência que demonstrou o seguinte: uma vez em cada três houve a concordância com o grupo; três vezes em cada quatro se concordou ao menos uma vez – isso em um "grupo de pressão" que só tinha três pessoas! Dentre os motivos citados pelas "vaquinhas de presépio" podemos elencar:

Essa experiência destaca o lado gregário de muitas pessoas (para não falar em síndrome de rebanho...). É verdade que graças a isso é que respeitamos certo comportamento social (obedecemos às leis, somos educados etc.), mas algumas vezes os extremos podem nos fazer cair no ridículo (basta olhar para as "vítimas da moda") e representar até mesmo um perigo real, como veremos em seguida.

A obediência

Em 1963, Milgram pediu a várias pessoas que desempenhassem o papel de "professor" em uma situação de "aprendizado", mandando a um "aluno" (que ficava em uma sala contígua, ou seja, invisível) descargas elétricas que iam aumentando de intensidade cada vez que ele desse uma resposta errada. Repetidamente, ouvia-se o "aluno" gritar. Com 180 volts, ele gritava: "Parem, está doendo!". Com 270 volts, ele parecia agonizar. Apesar das queixas, Milgram incentivou cada "professor" a continuar até um choque elétrico de 450 volts (potencialmente fatal).

Só no fim do experimento é que os participantes ficaram sabendo que o "aluno" era na verdade um ator fingindo sentir dor. Essa pequena demonstração prova que mesmo as "pessoas comuns" podem se transformar em carrascos.

A psicologia comparada

A psicologia comparada se dedica ao estudo dos costumes animais, a fim de encontrar analogias entre o comportamento deles com o humano.

Costuma-se categorizar, de maneira um tanto quanto rígida, as pesquisas desse ramo da psicologia como sendo divididas entre as "de laboratório" e as que são feitas "em meio natural". A pesquisa em meio natural sofreu grande influência de etólogos, como Lorenz e Tinbergen, que estudaram os animais em seu ecossistema.

Os estudos de laboratório geraram as quatro principais teorias do aprendizado, que já vimos nos capítulos dedicados ao behaviorismo e ao cognitivismo.

As teorias do aprendizado – recapitulação
Condicionamento clássico (Pavlov) – p. 61
Condicionamento operante (Skinner) – p. 77
Aprendizado cognitivo (Köhler) – p. 98

Os estudos em meio natural permitiram obter muitas informações sobre as estruturas sociais de certas espécies, em particular sobre o modo de se comunicar e os comportamentos agressivos.

Os animais vivendo em sociedade

Se muitos animais vivem em grupo, é porque esse modo de vida aumenta as chances de sobrevivência, tanto do animal individual, quanto da espécie.

A **sobrevivência do indivíduo** supõe que ele se proteja (das intempéries, abrigando-se, e da fome, providenciando o que comer).

A **sobrevivência da espécie** implica a reprodução (encontrar uma companheira, cortejá-la, acasalar) e em proteger os outros membros do grupo (em particular, a progenitura).

Claro que a maior parte dessas características é inata. Ditadas pelo instinto, elas praticamente nunca são objeto de uma decisão consciente. A tentação sempre é grande, de ceder ao **antropomorfismo**, ou seja, de interpretar o comportamento animal segundo os parâmetros humanos.

A comunicação

Para que os mecanismos de sobrevivência sirvam para alguma coisa, o animal precisa desenvolver uma forma de **comunicação**. Em geral, ela assume o aspecto de sinais, que podem ser visuais, auditivos ou olfativos. Assim, graças a certos hormônios que liberam um odor muito reconhecível, os feromônios, um faleno macho pode farejar uma fêmea a cerca de um quilômetro de distância.

Alguns sinais são universais, outros são exclusividade de determinada espécie. Pio de pássaros, canto de baleias, grito de golfinhos ou urro de alguns símios – por mais complexos e variados que sejam esses meios de comunicação, ninguém conseguiu descobrir, até agora, alguma forma de **sintaxe** ou de **gramática**. Por isso, assume-se que não exista linguagem animal no sentido próprio do termo e que só o ser humano possui essa capacidade. Mas há exceções, em especial o caso da macaca Washoe, instruída por Gardner e sua esposa (1971, 1975, 1978, 1983), que conseguiram se comunicar com ela graças à linguagem de sinais utilizada pelos surdos. Mas alguns críticos reprovam essa façanha, por mais impressionante que ela possa parecer, por ela ser mero fruto de imitação (Terrace, 1979).

A agressividade

Se os animais têm uma única forma de comunicação, extremamente simples, se comparada à complexidade da linguagem comum, parecem ser, no entanto, melhores do que nós quando se trata de evitar ser morto ou ferido por um semelhante. Essa capacidade dos animais é prova de que eles têm uma facilitação social: fazem gestos que revelam uma certa sociabilidade, como por exemplo bocejar, coçar ou não olhar para o outro.

Mas conflitos acontecem, sobretudo quando se trata de seduzir uma fêmea ou defender seu território. Em geral, os animais recorrem a uma forma de agressividade ritualizada.

Mesmo quando há enfrentamento físico, ele ocorre de um jeito que elimina os riscos de ferimento grave: utilizando as partes mais resistentes do corpo, como quando dois cervos lutam entrechocando as galhadas, por exemplo. Na verdade, é extremamente raro ocorrer na espécie animal um assassinato, ou seja, o fato de matar deliberadamente um membro da mesma espécie. Jane Goodall passou 12 anos estudando os chimpanzés em seu meio natural, antes de presenciar um ato desse tipo.

A psicologia diferencial

Ela tem o objetivo de descrever e explicar as diferenças de comportamento em um sujeito, fazendo a distinção entre o que é normal e o que é anormal. Ou seja, sua preocupação é o equilíbro psicológico do paciente e a doença da qual ele sofre (diagnóstico e terapia). Ela se interessa pela inteligência e pela personalidade.

O que se entende por "normal"?
Em uma obra de 1996, Richard Gross sugeriu várias definições:
Uma **definição estatística** (interpretação objetiva): tudo o que é feito pela grande maioria (95%) das pessoas é considerado normal; tudo o que fica por conta dos 5% restantes é considerado anormal. (Estatisticamente, mais de 2%.)

Desvio de norma (interpretação subjetiva): tudo o que é socialmente aceitável. Assim, em determinadas culturas a homossexualidade é considerada uma "perversão", um comportamento "contra a natureza", ou seja, ela é considerada anormal. Mas em outras não se faz esse juízo de valor.

Relativamente ao **equilíbrio psicológico**: por equilibrado entende-se um indivíduo estável e aberto, consciente do que faz e das motivações que o levam a fazer o que faz. Ele privilegia o desenvolvimento e a realização pessoais, é capaz de dar conta do estresse, é independente e tem sua própria concepção de realidade, é capaz de amar e ser amado, está satisfeito com seus relacionamentos pessoais (Jahoda, 1958).

Quanto ao **desequilíbrio psicológico**: a doença mental supõe dois pontos de vista diferentes: (a) "Os outros pensam que tudo está bem comigo, mas eu me sinto deprimido" e (b) "Eu vou bem, mas os outros pensam que não!". Esses pontos de vista são a transcrição de um critério objetivo, geralmente baseado em um modelo médico ou na recusa desse modelo.

A psicopatologia

A psicopatologia estuda as causas, os sintomas e a evolução das doenças mentais. Contudo, atualmente, prefere-se utilizar o termo "distúrbios psíquicos". Estes últimos são objeto de dois sistemas de classificação:

1. **O CID** – Classificação Internacional de Doenças – é uma classificação estabelecida pela Organização Mundial da Saúde. A décima edição, ICD-10, publicada em 1987, é adotada em vários países, dentre os quais o Brasil.
2. **O MED** – Manual Estatístico de Diagnóstico (de distúrbios psíquicos) – foi elaborado nos anos 1950 nos Estados Unidos. Atualmente, ele é publicado pela Associação Psiquiátrica Americana. A quarta edição, o DSM-IV, publicado em 1993, é uma ferramenta mundialmente utilizada em psiquiatria e em psicopatologia e considerado obra de referência.

Esses dois sistemas são muito semelhantes e resultam ambos da classificação estabelecida em 1896 pelo alemão Emil Kräpelin (1856-1926), considerado o fundador da moderna psiquiatria científica.

Distúrbios neuróticos
- só uma parte da personalidade é afetada
- o paciente tem consciência do problema

Exemplos: fobias, obsessões, angústias.

Distúrbios psicóticos
- toda a personalidade é afetada
- o paciente não tem consciência do problema

Exemplo: esquizofrenia.

A psicopatologia também se interessa pelos distúrbios do **humor** (ou distúrbios afetivos), como a depressão ou as manias, e pelos distúrbios da **personalidade**, como a psicopatia ou, ao contrário, a dependência.

Uma **terapia** pode se basear em uma das seis perspectivas. De modo geral, observa-se que cerca de dois terços dos pacientes conseguem algum benefício, mas que um terço realiza progressos sem nenhum tipo de tratamento (casos de "remissão espontânea", evidenciada por Eysenck em 1951).

Tentar descobrir qual o melhor tipo de terapia é completamente inútil, pois como já acontece na medicina clássica a terapia depende muito do problema que ela tenta resolver. As terapias atuais deixam uma grande margem ao ecletismo, pois combinam diferentes medicamentos e várias abordagens.

A inteligência

Os testes de QI

Os testes de inteligência foram criados na França por **Alfred Binet** (1905), com o objetivo de utilizá-los nas escolas, para identificar e auxiliar alunos com dificuldades de aprendizado. Esses testes chegavam a um resultado em números, o chamado **coeficiente**, que resumia as capacidades do aluno. Fixou-se um QI de 100 como contagem padrão e a chamada curva de normalidade serve de parâmetro para a leitura das diferentes pontuações (o desvio padrão médio é em geral de 15 pontos).

DISTRIBUIÇÃO DO QI

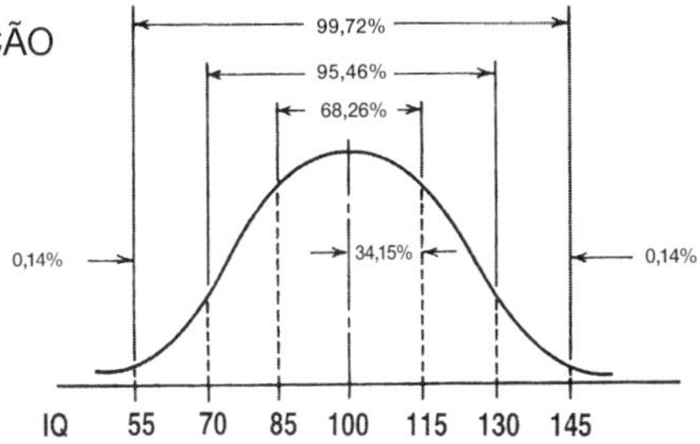

Em 1916 os testes de QI passaram a ser feitos também pela Universidade de Stanford, e os norte-americanos os rebatizaram, chamando-os de "testes Stanford-Binet". Eles costumam ser utilizados pelas Forças Armadas, para recrutamento de seus efetivos.

Atualmente, todo tipo de teste de QI é utilizado para fazer recrutamentos, desenvolvimento pessoal, suporte pedagógico etc. Dentre os muitos testes, estão incluídos os de Wechsler e Eysenck.

Complete a seguinte sequência lógica:	3	8	12	15	17	?

Quando o QI não é unanimidade

Em psicologia, a inteligência é seguramente o tema que mais matéria dá controvérsia. A esse respeito há quem desaprove a utilização dos testes de QI como ferramenta de seleção, em especial no meio escolar. No início, Binet quis fazer dos testes que inventou uma ferramenta para ajudar crianças com dificuldades, e não um meio de privilegiar os que tinham mais aptidões.

Houve mesmo quem levasse a distorção ainda mais adiante, usando os testes de QI para enunciar diferenças raciais. Em 1969, Arthur Jensen chegou à conclusão de que os negros tinham "um QI 15 pontos inferior à média da população branca". Em 1981, Hans Eysenck afirmou que "esses resultados não têm o objetivo de desfavorecer as minorias étnicas. Um modelo simples, que mostra o caráter hereditário do QI em cerca de 80% dos casos, é ao mesmo tempo realista e defensável".

Graças a uns tantos psicólogos, os testes de QI ganharam uma péssima fama. Mas a esse respeito Eysenck disse o seguinte:

Além disso, constatou-se que a melhora do ambiente pode provocar o aumento do coeficiente de QI de modo significativo (Skeels, 1966). De qualquer forma, o que mais se reprova nos testes de QI é o fato de eles testarem só algumas capacidades, em detrimento de outras, como o senso prático ou a faculdade de adaptação.

O verdadeiro problema é chegar a uma definição de inteligência. Para alguns, "a inteligência é aquilo que os testes de QI medem". Para outros, como Piaget, é preciso evitar ser tão categórico. O que não impede que os testes de QI ainda sejam amplamente utilizados, hoje em dia.

(Resposta ao teste da página 161: 18)

A personalidade

Definir a "personalidade" (do latim *persona*, máscara de ator) é tão difícil quanto definir a inteligência. Claro que ela constitui um elemento central do debate entre inato e adquirido.

Os diferentes tipos de personalidade

Alguns psicólogos tentaram estabelecer uma **tipologia** geral da personalidade. Podemos juntar, por exemplo, a relação **introvertido/ extrovertido**, tão cara a Jung, e desenvolvida por Eysenck por meio de seus questionários (EPI [em inglês, Eysenck Personality Inventory], EPQ [em inglês, Eysenck Personality Questionnaire]), a uma outra relação, **neurótico/ instável**. Para Eysenck, essas características são essencialmente inatas.

Outra tipologia notável foi desenvolvida por Friedman e Rosenman (1959), que consideraram duas categorias: as pessoas de tipo A, que são competitivas, impacientes, ativas e sujeitas a doenças cardiovasculares ou ao câncer, e as pessoas de tipo B, que são o contrário disso tudo.

As diferentes características

Outras abordagens identificaram características dominantes ou traços. Assim, Cattell estabeleceu 16 fatores da personalidade (medidos pelo questionário 16PF), dentre os quais submisso/dominador, confiante/desconfiado, prático/imaginativo... Esses questionários são a base da psicometria, que designa o conjunto de métodos de medição de fenômenos psicológicos. Normalmente eles não são acessíveis ao público e só pessoas qualificadas e competentes podem utilizá-los. (O que não impede que ocorram desvios – as empresas que o digam!)

A psicologia hoje

Atualmente, a maioria dos psicólogos recorre às várias perspectivas, mas alguns ainda privilegiam determinada(s) perspectiva(s) em detrimento de outra(s), e não aceitam outra interpretação a não ser a deles próprios. Do mesmo modo, alguns obstinados insistem em trazer à baila o velho debate entre inato e adquirido, apesar de o interacionismo já ter sentenciado: os dois aspectos são inseparáveis. Em contrapartida, várias considerações típicas de nossa época vieram se somar ao (já vasto) tema.

Racismo, feminismo e outras formas de segregação
Os anos 1970 foram marcados por uma tomada de consciência geral das desigualdades geradas por nossa sociedade. A psicologia, como outros ramos de atividade e de saber, ainda sofre de uma brutal falta de mulheres em seus quadros. Assim também não é difícil se dar conta de que a maioria dos pesquisadores, professores e ensaístas pertence à raça branca.

O feminismo denunciou essa segregação. Melhor do que isso, ele permitiu que se constatasse que preconceitos e injustiças eram moeda corrente, não só contra as mulheres mas também relativamente aos portadores de necessidades especiais, idosos, homossexuais e até mesmo animais (o especismo, que considera os humanos superiores a todas as demais espécies).

O ser humano e a pesquisa – princípios deontológicos

De modo surpreendente, a pesquisa em psicologia demorou demais até levar em consideração eventuais considerações deontológicas. Só depois de certos estudos americanos (como as experiências de Milgram), que punham os participantes deliberadamente em uma situação de estresse, é que se passou a se dedicar realmente ao assunto.

O primeiro código de deontologia escrito, a lei sobre a proteção do título de psicólogo, precisa ser revisto. O novo código destina-se a servir de norma profissional aos homens e às mulheres que têm o título de psicólogos, qualquer que seja a modalidade de seu exercício e seu enquadramento profissional, incluindo-se as atividades de ensino e pesquisa.

Conceitos-chave

Participação voluntária: ela é importante, incluindo-se o direito de a pessoa desistir em qualquer estágio.

Consentimento expresso: deve ser obtido do participante, inclusive o de publicação dos resultados.

Instrução e, se necessário, orientação: deve ser sempre fornecida.

Confidencialidade: ela deve ser mantida rigorosamente, incluindo-se o anonimato em caso de publicação, para proteger o participante.

Dano físico e mental: ele deve ser evitado a todo e qualquer custo, incluindo-se aqui a possibilidade de embaraço, desconforto, humilhação, prejuízo ou dano à autoestima.

Conduta profissional do psicólogo: ela deve sempre primar pela integridade, responsabilidade, monitoramento de outras pesquisas etc.

O animal e a pesquisa – princípios deontológicos

Qual a utilidade dos experimentos com animais?

(a) Eles oferecem semelhanças suficientes para que se possa fazer comparações com o ser humano.
(b) Algumas pesquisas são impossíveis de serem feitas no ser humano, por razões práticas ou deontológicas. Isso pode criar um paradoxo bem interessante, utilizado por certos detratores da vivisseção: se os animais são próximos o bastante de nós, a ponto de serem objeto de comparações possíveis, eles são próximos o bastante para também sofrer!

Na Europa, a legislação em matéria de pesquisa animal obedece à Convenção Europeia de Proteção dos Animais Vertebrados Utilizados para Fins Experimentais e Outros Fins Científicos, adotada em Estrasburgo em 18 de março de 1986. O Reino Unido tem seu próprio código, assim como a maioria dos países ocidentais.
De modo geral, são exigidas licenças para as práticas, tanto individuais quanto para cada projeto, com legislações rigorosas. Esses documentos enunciam os princípios do respeito aos animais, em todas as pesquisas científicas. Incluem-se entre eles:
- *Evitar ou, pelo menos, minimizar o desconforto.*
- *Discutir o assunto com a inspeção local ou com os colegas.*
- *Observar que o uso de animais vivos só aconteça se absolutamente inevitável.*

Atualmente, a psicologia tem muito menos recurso para pesquisas com animais do que outros ramos de pesquisa.

Extensões da esfera da psicologia

1. A psicologia como disciplina universitária

Na faculdade, a psicologia, a exemplo de todas as demais matérias universitárias, é tema de cursos, trabalhos, pesquisas, teses e exames. De modo geral, os ramos principais abordados são o desenvolvimento social, a psicologia comparativa e individual, a psicologia cognitiva e a biopsicologia. Claro que ainda há outros departamentos, mas a psicodinâmica, a psicologia behaviorista e a humanista geralmente não merecem uma matéria separada. A psicodinâmica filia-se em geral ao setor que estuda o desenvolvimento e/ou as diferenças individuais. O behaviorismo também costuma ser incluído nesses dois departamentos, quando não no de psicologia comparada. A abordagem humanista é em geral trabalhada com a de diferenças individuais. Isso não impede que os professores universitários tenham visões diferentes, voltando-se para outros horizontes. Assim, o programa de graduação pode ser dado por especialistas em psicofisiologia, psicologia do desenvolvimento ou psicologia diferencial.

2. As tendências atuais

As duas esferas mais em voga, nos últimos anos, têm sido a psicologia cognitiva e a psicologia da saúde. O objetivo da psicologia cognitiva (ou ciência cognitiva) é explorar, por meio de pesquisas apropriadas, a complexidade do pensamento. O computador é seu instrumento principal, pois possibilita que reúna com mais facilidade os dados de pesquisa e questionários. A psicologia da saúde é uma aplicação bem mais recente da gama de perspectivas, em especial da psicologia diferencial. As teorias da personalidade, da psicopatologia e da psicoterapia são meios notáveis para vencer a angústia, o luto, o divórcio, os comportamentos autodestrutivos (tabagismo, alcoolismo), os distúrbios sexuais, entre outros. A psicologia da saúde pode ajudar as pessoas a entenderem que elas são senhoras da sua própria vida. Dentre as aplicações derivadas, podemos citar a psicologia do esporte, que centra seus esforços na motivação, na dinâmica de grupo, na confiança em si mesmo etc.

3. A psicologia, uma necessidade em plena expansão

Tem ocorrido um patente crescimento da demanda de psicologia. Livros, revistas, *sites* e outras produções aparecem o tempo todo – apesar de muitos trabalhos divulgarem uma “psicologia de botequim”, infelizmente, por serem mais facilmente assimiláveis pelo leitor. E nunca faltam charlatães atrás de dinheiro fácil. Escolher uma boa obra pode ser tarefa bem difícil, mas o histórico do autor e as críticas publicadas ajudam. Da mesma forma, cursos de psicologia também proliferam, e já se tornaram mais do que populares, a ponto de integrarem outros cursos como matérias. Ou seja, o interesse pela disciplina já não deixa dúvidas.

4. O *status* do psicólogo

Como dissemos no começo do livro, o título de psicólogo é reconhecido oficialmente, e ninguém pode usá-lo se não tiver um diploma de psicologia, obtido após um curso de graduação também oficialmente reconhecido, no caso do Brasil, pelo Ministério da Educação. Mas, apesar disso, a disciplina não tem as mesmas garantias. Qualquer um pode declarar ser um "terapeuta" ou um "psicoterapeuta", quaisquer que sejam suas qualificações e sua experiência e, assim, oferecer seus serviços na forma de consultas. O futuro paciente deve estar bastante atento quando fizer a escolha de seu "psi".

5. A psicologia: por que e para quem?

Nos últimos anos, o estresse e a depressão tornaram-se apanágio das sociedades ocidentais e os "problemas psicológicos" se multiplicam.

Necessidades gerais: da mesma forma como aspiram melhorar sua vida, muitas pessoas nutrem grandes esperanças para si mesmas e seus próximos. A impaciência pode facilmente provocar decepção e frustração, e não é difícil que o resultado de um fracasso ou um questionamento seja uma crise de depressão. O papel principal da psicologia é identificar esses problemas de sociedade e sugerir novas abordagens de solução. Infelizmente, muitos ainda não sabem que esse tipo de ajuda existe por mera falta de informação. É preciso acabar de vez com a ideia de que "um psi (seja ele um psicólogo, um psiquiatra ou um psicoterapeuta) é para doidos".

Educação: em muitos países a educação do Estado é vista como uma geradora de conflitos para as crianças. Por isso mesmo, cabe aos pais e professores identificar os problemas da criança desde cedo, assim que eles se manifestam, utilizando as técnicas que estiverem à sua disposição para tentar resolvê-los. O papel do professor é plural. Ele é o responsável por garantir o desenvolvimento intelectual do aluno, aplicando teorias de ensino; deve forjar certa disciplina e certa educação moral; deve incentivar o aluno a ser independente e assumir suas responsabilidades, sem por isso abrir mão de sua autoestima.

Saúde: os serviços de saúde deveriam oferecer um leque mais amplo de terapias. A medicina tradicional ainda tende a prescrever remédios, dependendo dos sintomas, sem necessariamente se interessar pelos antecedentes psicológicos do paciente. Graças a técnicas de relaxamento e projeção, é possível tratar o estresse e, dessa forma, impedir o aparecimento de distúrbios mais graves. O estado de espírito da pessoa pode afetar fortemente as funções do corpo. Por exemplo, um estresse crônico enfraquece as defesas imunológicas.

Sociedade: o terceiro grande domínio de aplicação diz respeito ao aparelho judiciário – a aplicação da lei, a condenação, a reabilitação. Já vimos que é possível modificar de modo durável um comportamento, usando os métodos behavioristas (contracondicionamento, aversão, modificação do comportamento, *modelling* etc.), mas também graças às abordagens cognitivas e humanistas (desenvolvimento pessoal, *self concept* etc.). Um dos problemas dos sistemas penais, de modo geral, é que eles não são suficientemente científicos. De modo geral, bastam presunções, relativamente ao que poderia mudar o comportamento sem que uma verdadeira avaliação seja feita. Mesmo quando punir não funciona (o que costuma ser o caso, considerando-se a alta taxa de reincidência), são feitas poucas tentativas para remediar esse quadro. Os julgamentos dos tribunais e as condenações determinadas são muitas vezes influenciados por convicções pessoais, por considerações jurídicas, pela pressão da opinião pública, por clivagens sociais e por uma pesada tradição – antes de qualquer tipo de reabilitação social (de modo geral; o que não acontece, por exemplo, no caso de penas alternativas).

Necessidades políticas: a crítica do sistema judiciário que fizemos acima, em sua falta de cientificidade, também se aplica às instâncias políticas em geral. A tendência, quase sempre, é de se pretender saber "o que as pessoas querem" e "o que é bom para elas", sem realmente fazer um esforço para tentar obter a prova disso – com as pessoas em questão. Ou seja, aqui também há espaço para nova abordagem, a psicopolítica (para fazer um pouco de neologismo), que se beneficiaria da pesquisa psicológica atual e dos precedentes históricos.

Mas cuidado: em mãos erradas, esse tipo de disciplina é evidentemente bem perigosa! Suponhamos o caso de um governo eleito democraticamente, mas que decidisse ficar eternamente no poder, encontrando o jeito de focar e satisfazer a demanda do público (ou, ao menos, tempo bastante para se reeleger e/ou ainda fazer um sucessor!). Por outro lado, esse conhecimento poderia ajudar a eliminar certas leis inúteis e conseguir uma melhor adequação entre a vida política e as necessidades da população – contanto, é claro, que ela se restringisse a uma abordagem científica e a pesquisas empíricas sérias.

6. Mais do que psicologia, filosofia!

A psicologia, enquanto disciplina, poderia se beneficiar de uma aproximação com a filosofia, da qual já foi disciplina, em vez de tanto tentar fugir e ser independente, como faz há tempos. Além dos métodos aplicados na filosofia (raciocínio lógico, identificação dos argumentos e dos sofismas), os psicólogos teriam muito a aprender sobre o papel da fé no pensamento, sobre o livre-arbítrio contra o determinismo, sobre a ética etc. É importante que os psicólogos possam ter, além da informação, a formação que lhes permita enfrentar as pesadas responsabilidades e a tomada de decisões que seu trabalho exige deles. A esse respeito, a filosofia pode ajudá-los bastante, aumentando a compreensão de muitas ideias e de muitas questões morais.

7. Fazer carreira em psicologia

Depois de diplomado, o psicólogo dispõe de várias opções para exercer seus talentos, mesmo sem continuar sua formação, até um doutorado.

PSICÓLOGO ESCOLAR

PSICÓLOGO JUDICIAL

PROFESSOR

PSICÓLOGO CLÍNICO

Agradecimentos

Mark Andrews – *designer* gráfico
Pam Berry – conselheiro para assuntos jurídicos
Steve Brammell – filósofo
Jenny Doe – psicóloga clínica
Mike Gibas & John Read em"Nomad", Letchworth – *designers* gráficos
WII\Jam Gneg – assistente de *layout*
Linda Hambleton – psicóloga organizacional
Peter Kewley – pesquisador, bibliotecário
Lama Marriott – composição de arte
Christine Pinkerton – assistente de layout
John Radford – professor (sugestões de leitura)
Eppie Saunders – assistente de *layout*
Lee Stanley – fotógrafo

Bibliografia, referências e sugestões de leitura

Estas são as principais fontes de informação. Os textos firmemente recomendados estão em bold, indicando-se, inclusive, as páginas mais relevantes.

Angell, James R. (1904) *Psychology. Henry* Holt & Co. Nova York pp. 6-7, in Lundin, Robert (1996) p.125 [p. 46 - cit.].

Angell, James R. (1906) Presidential Address to the A.P.A. "The Province of Functional Psychology", in Lundin, Robert (1996) pp. 125 [p. 46 – ref.]. A bolha da consciência não é citada por Angell, mas Schultz, p. 164.

Atkinson et al. (1996) Hilgard's Introduction to Psychology (12a ed.) Harcourt Brace.

Baars (1986), p. 275, in Schultz (1996), p. 451 [p. 104 - cit. (rat.)]

Bandura et al. (1963), in Gross (1996) [pp. 88-9 – ref.]

Bowlby, J. (1951) *Maternal care & mental health.* WHO, Genebra (p. 145).

Cardwell, Mike et al. (1997) Psychology Collins Educational. Colman, A. M. (1995) *Controversies in Psychology.* Longman.

Coolican, Hugh et al. (1996) Applied Psychology. Hodder & Stoughlon. [Excelentes resumos de áreas-chave, p. ex. clínica, educacional, saúde, ocupacional, esporte].

Eysenck, Michael (1997) *Simply Psychology.* Collins.

Fuller, Ray et al. (1997) *A Century af Psychology.* Routledge, Londres e Nova York. [Boa coleção de artigos do século XX].

Goleman (1983), p. 54, in Schultz (1996), p. 451. [p. 104 – cit.].

Gross, Richard (1995). Themes, Issues & Debates in Psychology. Hodder & Stoughton.

Gross, Richard (1996). Psychology – The Science of Mind and Behaviour (3ª Ed.) Hodder & Stoughton.

Harlow, H. (1959) e (1962), in Gross (1996) [p. 146 – ref.].

Hofstede (1980), in Gross (1996) [p. 133]. Hutt, C. (1972) *Males & Females*. Penguin, England. [p. 126 '1'11)

Jones, Mary Cover (1924), in Schultz (1996), pp. 272-3 [p. 75·- ref.] (não é uma autêntica cit.)].

Kamin, L. (1981) *Intelligence: The Battle for The Mind* (Eysenck vs Kamin). Pan. [p. 130 – ref.].

Lewin, K. (1936) *Principles of Topological Psychology.* McGraw-Hill [p. 103].

Lewin et al. (1939), in Gross (1996) [p. 103].

Lundin, Robert W. (1996) *Theories & Systems of Psychology* (5ª ed.) Health & Co. Lexington, EUA [bom em teorias e história].

Maccoby, E. & Jacklin, C. (1974) *The Psychology of Sex Differences*. Stanford University Press, EUA. [p. 126 - ref.]

McIntyre, A. (1972) Sex differences in children's agression. *Proceedings of 80th annual convention of APA 7:93-94.*

Marx, Karl & Engels, Frederick (1848, 1996) *The Communist Manifesto.* Pluto Press, London. [Marx, cit. p. 40 na p. 20].

O'Donohue, William & Kitchener, Richard (1996) *The Philosophy of Psychology.* Sage, Londres & Califórnia. [Boa análise crítica sobre os aspectos filosóficos, p. ex: ética, capítulo 25]

Pavlov, I. (1926) "Relation between Excitation & inhibition... Experimental Neuroses in Dogs", in Pavlov (1955), p. 235 [p. 63 – 2ª e 3ª cit.].

Pavlov, I. (1934) "The Conditioned Reflex", in Pavlov (1955), p. 252 [p. 63 – 1ª cit.].

Pavlov, I. (1955) Selected Works. Foreign Languages Pub. House, Moscou.

Piaget (1932, '50, '63, '70 etc.) in Gross (1996) [pp. 36-41 – ref. desenv. cognitivo.; pp. 142-3 ref.; p. 144 – ref. desenvolv. moral].

Popper, K. (1968) *Conjecture & Refutations*. Harper Row Nova York. [pp. 20-22 – ref.].

Robinson, Daniel N. (1986) *An Intellectual History of Psychology.* Univ. Wisconsin Press. EUA. [Bom para ligações entre filosofia e psicologia] [Watson cit. p. 405 na p. 72].

Sacks, Oliver (1970), in (1990) *The Man Who Mistook His Wife for a Hat, and Other Clinical Tales*. Harper Perennial, Nova York. p. 11 [p. 14 - cit.].

Schultz, D. P. & Schultz, S. E. (1996) *A History of Modern Psychology* (6ª ed.) Harcourt Brace. EUA [Excelente em história].

Skinner, B. F. (1971) *Beyond Freedom & Dignity* Pelican. Inglaterra, p. 20 [p. 4 - cit.] (Para Skinner, 1938 e 1953, ver p. 76.).

Sternberg, R. J. (1995) *In Search of the Human Mind.* Harcourt Brace.

Sternberg, R. J. (1997) *Pathways to Psychology.* Harcourt Brace.

Triandis (1990), in Gross (1996) [p. 133].

Triplett, Norman (1898) The dynamogenic factors in pacemaking and competition. *American Journal of Psychology*, 9, 507-33 in Gross (2ª ed., 1992), p. 554 [p. 11 – ref.].

Wade, Carole & Tavris, Carol (1990) *Psychology* (2ª ed.) Harper & Row.

Watson, John B. (1913) *Psychology as the Behavorist Views It*, in Schultz (1996). pp. 259-2 [p. 4 – cit.; p. 72 – cit.].

Watson, John B. (1930) *Behaviorism*. (ed. rev.) Norton, Nova York, pp. 303-4, in Schulltz (1996), pp. 275-6 [p. 75 – cit.].

Wellings, Kaye et al. (1994) *Sexual Behaviour in Britain.* Penguin Reino Unido e EUA [p. 13 – ref. e cit.].

Wollheim, Richard (1971). *Freud*. Fontana Modern Masters, Londres [Bom resumo da biografia de Freud e teorias].

Wundt, Wilhelm (1873-4). Principles of Physiological Psychology (Prefácio), in Schultz (1996), p. 72 [p. 25 – 1ª cit.].Wundt, Wilhelm from Diamond (1980) A plea for historical accuracy (Carta ao editor).

Contemporary Psychology, 25, 84-5, in Schultz (1996), p. 76 [p. 25 – 2ª cit.].

Wundt, Wilhelm ("Rules of introspection") in Schultz (1996), p. 76 [p. 25 – 3ª cit.].

Índice